四川省工程建设地方标准

四川省嵌入式连续支承无砟轨道工程技术规程

Technical code for continuously supported embedded rail track system engineering in Sichuan Province

DBJ51/T 072 – 2017

主编单位：西南交通大学
批准部门：四川省住房和城乡建设厅
施行日期：2017年6月1日

西南交通大学出版社

2017 成 都

图书在版编目（CIP）数据

四川省嵌入式连续支承无砟轨道工程技术规程 /西南交通大学主编. —成都：西南交通大学出版社，2017.6

（四川省工程建设地方标准）

ISBN 978-7-5643-5421-3

Ⅰ. ①四… Ⅱ. ①西… Ⅲ. ①无砟轨道－技术规范－四川 Ⅳ. ①U213.2-65

中国版本图书馆 CIP 数据核字（2017）第 090057 号

四川省工程建设地方标准

四川省嵌入式连续支承无砟轨道工程技术规程

主编单位 西南交通大学

责任编辑	李 伟
封面设计	原谋书装
出版发行	西南交通大学出版社 （四川省成都市二环路北一段 111 号 西南交通大学创新大厦 21 楼）
发行部电话	028-87600564 028-87600533
邮政编码	610031
网址	http: //www.xnjdcbs.com
印刷	成都蜀通印务有限责任公司
成品尺寸	140 mm × 203 mm
印张	4.625
字数	117 千
版次	2017 年 6 月第 1 版
印次	2017 年 6 月第 1 次
书号	ISBN 978-7-5643-5421-3
定价	35.00 元

各地新华书店、建筑书店经销

关于发布工程建设地方标准
《四川省嵌入式连续支承无砟轨道工程技术规程》的通知

川建标发〔2017〕148号

各市州及扩权试点县住房城乡建设行政主管部门，各有关单位：

由西南交通大学主编的《四川省嵌入式连续支承无砟轨道工程技术规程》已经我厅组织专家审查通过，现批准为四川省工程建设推荐性地方标准，编号为：DBJ51/T 072－2017，自2017年6月1日起在全省实施。

该标准由四川省住房和城乡建设厅负责管理，西南交通大学负责具体技术内容的解释。

四川省住房和城乡建设厅

2017年3月6日

前　言

根据四川省住房和城乡建设厅《关于下达工程建设地方标准〈四川省嵌入式连续支撑无扣件轨道工程技术规范〉编制计划的通知》（川建标发〔2016〕345号）的要求，西南交通大学会同有关单位经广泛调查研究，认真总结实践经验，参考国内外相关标准，并在广泛征求意见的基础上，制定本规程。

本规程共分6章和8个附录，主要技术内容包括：1 总则；2 术语和符号；3 设计；4 施工；5 验收；6 养护维修。

本规程由四川省住房和城乡建设厅负责管理，西南交通大学负责具体技术内容的解释。执行本规程过程中如有意见和建议，请函寄西南交通大学（地址：四川省成都市二环路北一段111号；邮政编码：610031；联系电话：028-66366213；邮箱：yrs@swjtu.edu.cn），供今后修订时参考。

主编单位： 西南交通大学

参编单位： 四川省新途轨道工程设计咨询有限公司
成都新车现代有轨电车建设有限公司
中铁二院工程集团有限责任公司
中铁二局集团有限公司
中铁二十三局集团有限公司
成都市建设工程质量监督站
成都市新筑路桥机械股份有限公司

主要起草人： 刘学毅　钱振地　张海波　吕　强

姚　力　江万红　杨荣山　焦洪林
杨　刚　林晓波　罗　炯　费学梅
何云伟　刘光胜　杨　强　赵　悦
汪　力　石鹜劼　李领先　杨家松
罗恒富　张长春　王玉策　郑红斌
刘中义　杨　晨　翟　勇　陈幼琳

主要审查人： 李秋义　颜　华　杨栓民　税卓平
陈心一　郭少云　戴　虹　梅　红
张　刚

目　次

Contents

1 总 则

1.0.1 为规范嵌入式连续支承无砟轨道工程（以下简称嵌入式轨道）的设计、施工及验收，保证嵌入式轨道工程质量，达到安全可靠、经济适用、节能环保的目的，制定本规程。

1.0.2 本规程适用于新建或改建标准轨距城市轨道交通车速不超过 120 km/h、轴重不大于 160 kN 的嵌入式轨道的设计、施工与验收及养护维修。

1.0.3 嵌入式轨道的设计、施工及养护维修应提倡科技创新，积极采用新技术、新工艺、新设备、新材料。

1.0.4 嵌入式轨道的设计、施工应贯彻国民经济可持续发展战略，应符合城市轨道交通车辆运营的特征，应重视环境保护、节约能源，合理利用资源。

1.0.5 通过沿线环境敏感地段时，应根据环境影响评价的要求采取相应减振级别的嵌入式轨道。

1.0.6 嵌入式轨道宜铺设无缝线路。

1.0.7 嵌入式轨道的施工应制定相应的安全技术措施，严格遵守安全技术规程。

1.0.8 嵌入式轨道的设计、施工与验收以及养护维修，除应执行本规程外，尚应符合国家和四川省现行有关标准的规定。

2 术语和符号

2.1 术 语

2.1.1 嵌入式连续支承无砟轨道 continuously supported embedded rail track system

将钢轨嵌入到承轨槽中，采用弹性材料连续支承和锁固钢轨的一种轨道结构。

2.1.2 嵌入式轨道板 track slab for embedded rail

工厂化预制的钢筋混凝土轨道板，预留一对按标准轨距布置的承轨槽，用于安装钢轨、弹性垫板、降噪块、调轨组件和填充高分子阻尼材料等轨道部件。

2.1.3 承轨槽 rail supported gutter

用于连续支承钢轨的一种槽形结构。

2.1.4 预制承轨槽 prefabricated rail supported gutter

包含混凝土承轨槽和钢制承轨槽，用于安装钢轨、弹性垫板、降噪块、调轨组件和填充高分子阻尼材料等轨道部件。

2.1.5 弹性约束结构 elastic constraint structure

承轨槽内通过高分子材料组合体弹性约束钢轨的一种结构，高分子材料组合体由高分子阻尼材料、弹性垫板、降噪块/PP-R管和调轨组件等组成。

2.1.6 降噪块 noise damping block

粘贴于钢轨轨腰的高分子材料预制部件。

2.1.7 调轨组件 module for rail adjustment

由保持架和楔形块组成，成对安装在钢轨轨腰两侧，两者相互配合实现轨距调整。

2.1.8 弹性垫板 elastic pad

连续铺设于承轨槽内钢轨底部提供弹性的垫板。

2.1.9 隔离层 isolation layer

铺设于混凝土底座表面，起隔离作用以方便维修，常用土工布等材料。

2.1.10 调整层 adjustment layer

在轨道板与混凝土底座之间，采用灌注自密实混凝土或袋装砂浆等方式形成的填充找平结构层。

2.1.11 纵向刚度 the longitudinal stiffness

被高分子阻尼材料包裹约束的钢轨，产生单位纵向位移时，作用在单位长度钢轨上的纵向约束阻力和位移的比值。

2.2 符号

K_V——嵌入式轨道竖向刚度，kN/mm；

K_A——嵌入式轨道横向刚度，kN/mm；

K_L——嵌入式轨道纵向刚度，（kN/mm）/m；

K_{V1}——疲劳前竖向刚度，kN/mm；

K_{V2}——疲劳后竖向刚度，kN/mm；

K_{A1}——疲劳前横向刚度，kN/mm；

K_{A2}——疲劳后横向刚度，kN/mm；

P_1——抗拔力，kN。

3 设 计

3.1 一般规定

3.1.1 嵌入式轨道设计应满足安全适用、稳定耐久、经济合理的要求，并具有足够的强度、刚度和稳定性。

3.1.2 嵌入式轨道适用于现代有轨电车、轻轨和地铁等轨道交通。

3.1.3 嵌入式轨道静态铺设精度标准应符合表 3.1.3 的规定。

表 3.1.3 嵌入式轨道静态铺设精度标准

<table>
<tr><th colspan="2">项 目</th><th>要 求</th><th>备 注</th></tr>
<tr><td rowspan="2">轨距/mm</td><td>相对于标准轨距</td><td>±2</td><td>相对于标准轨距 1 435 mm。轨距可根据车辆和线路情况作适当调整</td></tr>
<tr><td>轨距变化率</td><td>1/1 000</td><td>—</td></tr>
<tr><td colspan="2">水平/mm</td><td>2</td><td>不包含圆曲线与缓和曲线上的超高值</td></tr>
<tr><td colspan="2">高低/mm</td><td>2</td><td rowspan="2">测量弦长 10 m，每延米突变不大于 2 mm</td></tr>
<tr><td colspan="2">轨向/mm</td><td>2</td></tr>
<tr><td colspan="2">扭曲/mm</td><td>2</td><td>测量基长 3 m，包含缓和曲线上因超高顺坡造成的扭曲值</td></tr>
</table>

注：当车辆专业提出特殊要求时，铺设精度按照车辆要求执行。

3.1.4 曲线段嵌入式轨道钢轨圆顺度铺设偏差应符合表 3.1.4 的规定；曲线段轨距加宽和曲线超高值应符合《地铁设计规范》GB 50157 的相关规定。

表 3.1.4 曲线段嵌入式轨道钢轨圆顺度允许偏差

曲线半径/m	缓和曲线正矢与计算偏差/mm	圆曲线正矢连续差/mm	圆曲线最大最小值差/mm	备注
25～50	3	6	9	5 m 弦量
51～100	6	12	18	10 m 弦量
101～200	3	6	9	
201～250	6	12	18	20 m 弦量
251～350	5	10	15	符合《地下铁道工程施工及验收规范》GB 50299 的相关规定
351～450	4	8	12	
451～650	3	6	9	
＞650	3	4	6	

注：$R \leqslant 250$ m 的曲线，可按《城市轨道交通工程测量规范》GB 50308 同比例设定。

3.1.5 嵌入式轨道铺设于桥梁时，应对梁轨作用力、桥梁及无缝线路进行检算；当跨度大于 32 m 时，应进行特殊设计。

3.1.6 嵌入式轨道设计应确保钢轨连续支承和轨道结构的竖向、横向和纵向稳定性，满足无缝线路设计相关要求。

3.1.7 嵌入式轨道的钢轨应满足下列要求：

1 满足线路及车辆对钢轨轨型的设计要求；

2 普通钢轨材质应满足标准《43 kg/m～75 kg/m 钢轨订货技术条件》TB/T 2344 的要求；

3 槽型钢轨应满足相应的设计技术条件。

3.1.8 嵌入式轨道结构设计应满足限界要求。

3.1.9 嵌入式轨道应做好道床、轨道板面及承轨槽区的排水设计。

3.1.10 嵌入式轨道与其他轨道刚度差异较大时，连接处应设置轨道过渡段。

3.1.11 嵌入式轨道设计应便于轨道养护维修。

3.2 轨道系统设计

3.2.1 嵌入式轨道系统刚度应结合车辆轴重、线路下部基础类型、减振降噪等要求进行设计，嵌入式轨道系统刚度应符合表 3.2.1 的规定，测试方法应分别符合本规程附录 A、附录 B、附录 C 的规定。

表 3.2.1 嵌入式轨道系统刚度

<table>
<tr><th>项 目</th><th>单 位</th><th colspan="3">要 求</th></tr>
<tr><td rowspan="4">竖向刚度①</td><td rowspan="4">kN/mm</td><td rowspan="2">有轨电车</td><td>一般</td><td>60～100</td></tr>
<tr><td>特殊</td><td>30～60</td></tr>
<tr><td rowspan="2">地铁</td><td>一般</td><td>70～110</td></tr>
<tr><td>特殊</td><td>40～70</td></tr>
<tr><td rowspan="2">横向刚度①</td><td rowspan="2">kN/mm</td><td colspan="2">有轨电车</td><td>≥30</td></tr>
<tr><td colspan="2">地铁</td><td>≥35</td></tr>
<tr><td>纵向刚度②（除桥梁段外）</td><td>(kN/mm)/m</td><td colspan="3">≥15</td></tr>
<tr><td>抗拔力③</td><td>kN</td><td colspan="3">≥40</td></tr>
</table>

注：① 竖向刚度和横向刚度是指钢轨加载点处力和位移之比；

② 桥梁段嵌入式轨道的纵向刚度应根据无缝线路和桥梁结构进行梁轨纵向作用力检算后确定；

③ 抗拔力为钢轨相对竖向位移为 1 mm 时的力。

3.2.2 嵌入式轨道结构经 300 万次疲劳试验后，轨距变化量应不大于 3 mm；高分子阻尼材料无裂纹、剥离、推挤等现象；疲劳前后横向刚度、竖向刚度变化率应不大于 20%。测试方法应符合本规程附录 D 的规定。

3. 2. 3 兼用作回流的走行轨与隧洞主体（或大地）之间的过渡电阻值（按闭塞区间分段进行测量并换算为 1 km 长度的电阻值），对于新建线路不应小于 15 Ω · km，对于运行线路不应小于 3 Ω · km。

3. 2. 4 有减振需求的地段，应根据环评对减振的要求，采取调整弹性约束结构的刚度或增设减振层等措施实现。

3.3 轨道结构设计

3. 3. 1 嵌入式轨道由钢轨、弹性约束结构、嵌入式轨道板或现浇道床板、调整层、隔离层、混凝土底座等结构组成。

3. 3. 2 嵌入式轨道主要部件应尽量统一形式，采用通用部件，保证部件的互换性，并满足轨道刚度、强度、疲劳性能等要求。

3. 3. 3 嵌入式轨道板布置不应跨越梁缝。

3. 3. 4 嵌入式轨道的结构设计荷载应满足下列规定：

1 设计荷载应包括列车荷载和温度荷载，同时应考虑下部基础变形对轨道结构的影响。

2 列车设计荷载应满足下列规定：

1）竖向设计荷载应按下式计算：

$$P_{\mathrm{d}} = \alpha \cdot P_{\mathrm{j}} \qquad (3.3.4\text{-}1)$$

式中：P_{d}——竖向设计荷载；

α——动载系数，建议取 1.5；

P_{j}——静轮载。

2）竖向疲劳检算荷载应按下式计算：

$$P_f = \beta \cdot P_j \tag{3.3.4-2}$$

式中：P_f——竖向疲劳检算荷载；

β——检算系数，其中有轨电车取 1.0，地铁取 1.5。

3）横向设计荷载应按下式计算：

$$Q = 0.8 \cdot P_j \tag{3.3.4-3}$$

式中：Q——横向设计荷载。

4）横向疲劳检算荷载应按下式计算：

$$Q_f = 0.4 \cdot P_j \tag{3.3.4-4}$$

式中：Q_f——横向疲劳检算荷载。

3 温度荷载及混凝土收缩影响应符合下列规定：

1）露天区间年温差根据当地气象条件取值；

2）正温度梯度（上热下冷）宜取 45 °C/m，负温度梯度（下热上冷）宜取 25 °C/m；

3）混凝土收缩以等效降温 10 °C 取值。

3.3.5 嵌入式轨道结构主要分为预制板式道床结构、现浇道床结构两种结构。预制板式道床结构主要分为混凝土底座凹槽限位和凸形挡台限位。道床结构应以预制为主，在小半径曲线段、接口段等特殊路段采用现浇道床结构。轨道结构高度应符合线路设计限界要求，宜符合表 3.3.5 的规定。

表 3.3.5 嵌入式轨道结构高度

车辆形式	轨道结构高度/mm		
	路基段	桥梁段	隧道段
现代有轨电车	350 ~ 700	260 ~ 500	550 ~ 700
地　铁	560 ~ 880	350 ~ 500	560 ~ 880

注：1 轨道高度在满足结构受力安全情况下可根据钢轨类型、车辆参数、线路状况进行适当调整；

2 该结构高度包括混凝土底座高度。

3.3.6 嵌入式轨道结构设计可采用图 3.3.6-1 ~ 3.3.6-3 规定的结构形式，并符合下列规定：

1 采用混凝土底座凹槽限位的预制板式道床结构（图 3.3.6-1）中，调整层下部应设置隔离层，隔离层下为混凝土底座，混凝土底座设凹槽限位，凹槽内铺设橡胶垫板；

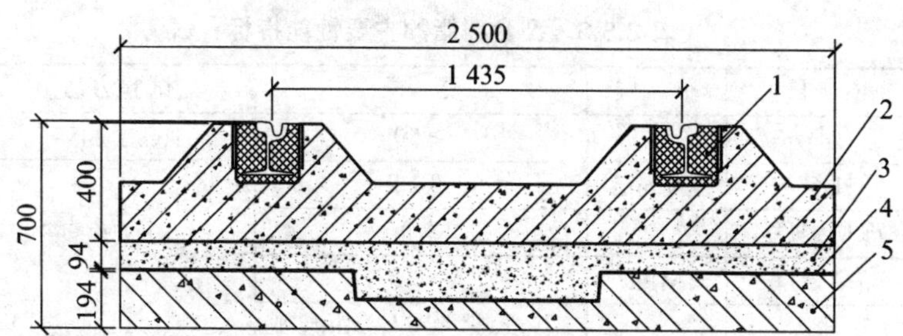

图 3.3.6-1 预制板式道床结构（混凝土底座凹槽限位）设计示意图

1—弹性约束结构；2—嵌入式轨道板；3—调整层；
4—隔离层；5—混凝土底座

2 采用凸台限位的预制板式道床结构（图 3.3.6-2）中，调整层采用袋装灌注砂浆，砂浆下部设钢筋混凝土底座，采用圆柱形凸形挡台限位，混凝土底座钢筋应与凸台钢筋连接，在凸形挡台周围灌注凸台树脂限位。凸台树脂的主要性能指标应符合表 3.3.6 的规定；

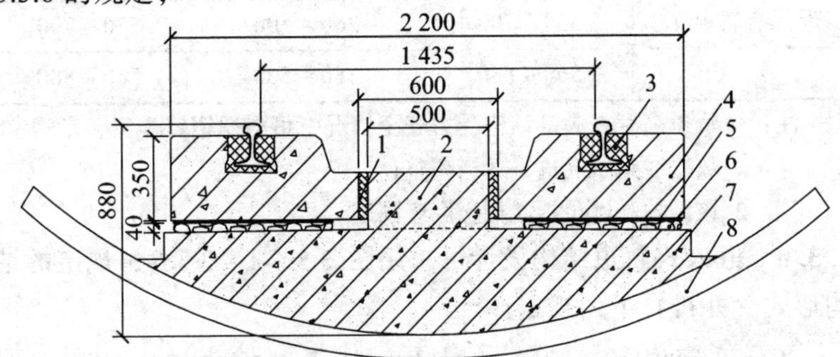

图 3.3.6-2 预制板式道床结构（凸形挡台限位）设计示意图

1—凸台树脂；2—凸形挡台；3—弹性约束结构；4—嵌入式轨道板；5—减振垫；6—调整层；7—混凝土底座；8—隧道壁

表 3.3.6 凸台树脂的主要性能指标

项　目	单　位	要　求	试验方法
硬度（邵尔 C）	度	≥50	HG/T 2489
弹性系数	kN/mm	10±2	TJ/GW 059—2008
剪切强度	MPa	≥2	
黏结强度	MPa	≥0.5	
疲劳性能	—	永久变形≤1.2 mm，弹性系数变化率在±20%以内，外观无异常	
耐腐蚀性	—	外观无异常，弹性系数变化率在±20%以内	
耐热老化性			

3 现浇道床结构由预制承轨槽、现浇混凝土道床、隔离层及混凝土底座组成（图 3.3.6-3）；现浇道床应采用钢筋混凝土结

构，混凝土强度不小于 C40，并满足承载能力要求；配筋应满足强度和裂纹宽度要求，纵横向钢筋交接处应采取绝缘措施，以满足杂散电流防护的技术要求；

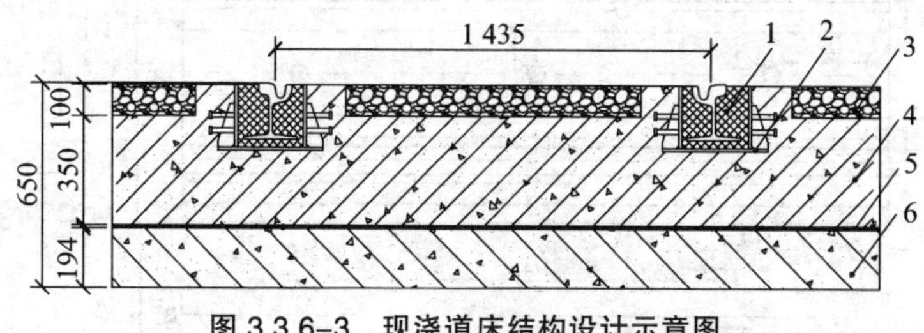

图 3.3.6-3　现浇道床结构设计示意图

1—弹性约束结构；2—预制承轨槽；3—路面铺装层；
4—现浇道床；5—隔离层；6—混凝土底座

4　隧道内伸缩缝间距不宜大于 12.5 m，路基段、U 形结构地段、隧道洞口内 50 m 范围、高架桥上和库内线，不宜大于 6 m；在结构变形缝和高架桥梁缝处，应设置道床伸缩缝；

5　当有较高减振要求需设置减振垫时，混凝土底座凹槽限位结构可将减振垫设置于混凝土底座表面，替代隔离层，凸形挡台限位结构可将减振垫设置于轨道板下。

3.3.7　嵌入式轨道板按限位方式可分为凹槽限位和凸形挡台限位两大类。CS-ERST-Ⅰ型、Ⅱ型嵌入式轨道板适用于在混凝土底座设置凹槽限位的嵌入式轨道（图 3.3.7-1 和图 3.3.7-2）。CS-ERST Ⅲ型、CS-ERSM 型嵌入式轨道板适用于凸形挡台限位的嵌入式轨道（图 3.3.7-3 和图 3.3.7-4）。

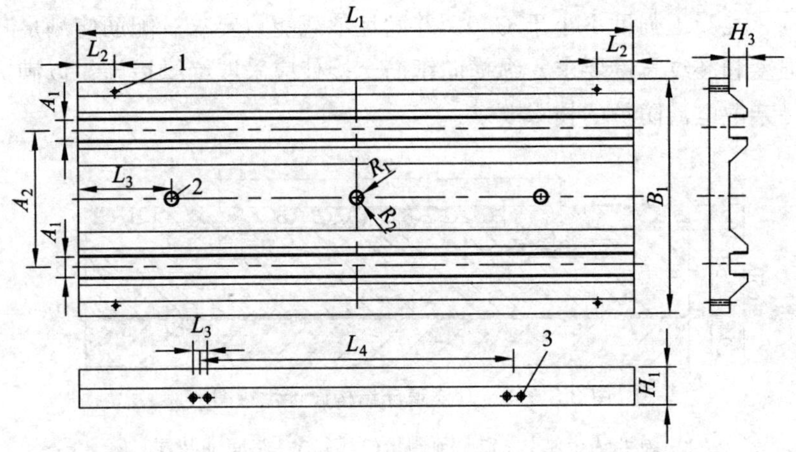

图 3.3.7-1　CS-ERST-Ⅰ型嵌入式轨道板结构示意图

1—排气孔；2—注浆孔；3—吊装孔

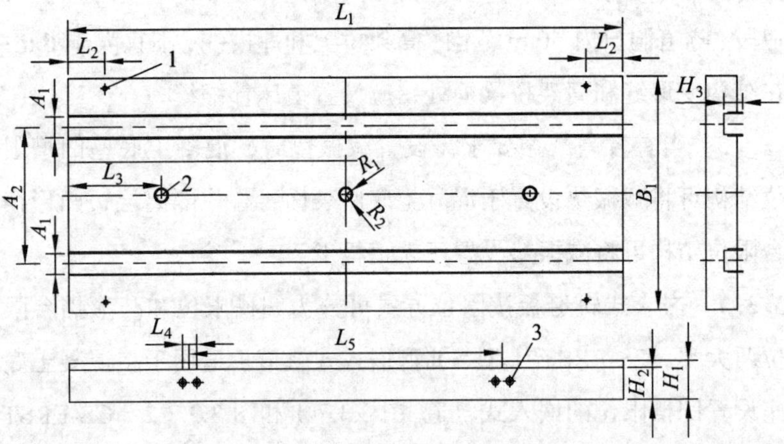

图 3.3.7-2　CS-ERST-Ⅱ型嵌入式轨道板结构示意图

1—排气孔；2—注浆孔；3—吊装孔

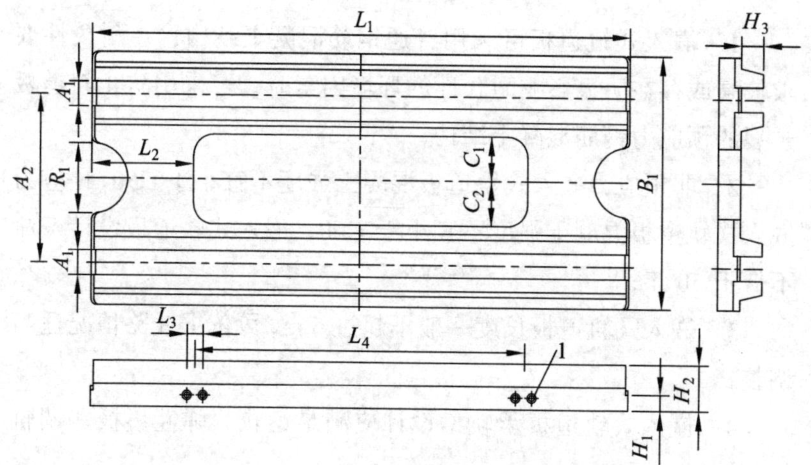

图 3.3.7-3　CS-ERST-Ⅲ型嵌入式轨道板结构示意图

1—起吊套管

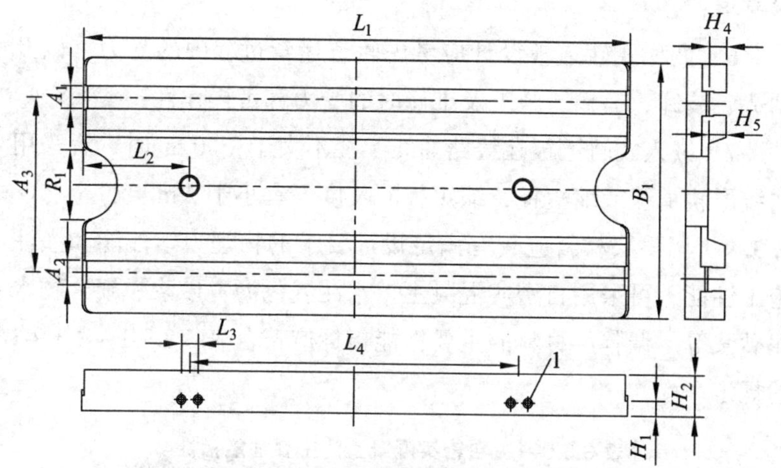

图 3.3.7-4　CS-ERSM 型嵌入式轨道板结构示意图

1—起吊套管

3.3.8　嵌入式轨道板设计应符合下列规定：

1 嵌入式轨道板可采用普通钢筋混凝土结构，在耐久性要求较高或存在明显影响耐久性的环境因素时，可采用防止轨道板开裂的预应力钢筋混凝土结构；

2 非预应力嵌入式轨道板混凝土强度不宜小于 C50，预应力嵌入式轨道板混凝土强度不宜小于 C60，嵌入式轨道板设计寿命不低于 50 年；

3 嵌入式轨道板长度一般不超过 5 m，可依据线路情况适当调整；

4 嵌入式轨道板承轨槽设计应满足钢轨、弹性垫板、调轨组件等组装要求；

5 嵌入式轨道板配筋应满足承载能力和杂散电流防护的技术要求；

6 嵌入式轨道板设计应考虑轨道运营过程中的受力，以及制造、装卸、运输、施工及维修时的受力和可操作性；

7 嵌入式轨道板在线路曲线半径不大于 200 m 时，宜采用曲线形轨道板或缩短板，缩短板的长度不宜小于 2 m。

3.3.9 调整层材料应具有满足设计要求的物理力学性能和灌注施工性能，可采用自密实混凝土、水泥乳化沥青砂浆、聚合物水泥砂浆等。调整层材料的主要性能指标应符合表 3.3.9-1 ~ 3.3.9-3 的规定。

表 3.3.9-1 自密实混凝土的主要性能指标

项 目		单 位	要 求
拌和物性能	坍落扩展度	mm	≤680
	扩展时间 T_{500}	s	3 ~ 7

续表

项　目		单　位	要　求
硬化体性能	56 d 抗压强度	MPa	≥40.0
	56 d 抗折强度	MPa	≥6.0
	56 d 弹性模量	MPa	3.00×10^4 ~ 3.80×10^4
	56 d 电通量	C	≤1 000
	56 d 干燥收缩值	—	$\leqslant400\times10^{-6}$

表 3.3.9-2　水泥乳化沥青的主要性能指标

项　目		单　位	要　求
抗折强度	1 d	MPa	≥0.5
	28 d	MPa	≥3.0
抗压强度	1 d	MPa	≥1.0
	28 d	MPa	≥15.0
弹性模量（28 d）		MPa	7 000 ~ 10 000

表 3.3.9-3　聚合物水泥砂浆的主要性能指标

项　目		单　位	要　求
抗折强度	1 d	MPa	≥1.0
	2 d	MPa	≥3.0
	28 d	MPa	≥5.0
抗压强度	1 d	MPa	≥5.0
	2 d	MPa	≥10.0
	28 d	MPa	≥15.0
弹性模量（28 d）		MPa	7 000 ~ 18 000

3.3.10　当采用凹槽限位结构或采用现浇混凝土道床时，隔离层设于混凝土底座表面，隔离层可采用 2 mm ~ 4 mm 厚的普通土工布制作。

3.3.11 减振垫不应降低轨道结构的整体强度、稳定性和平顺性，其刚度应按项目环境影响评估报告书确定的减振地段位置和减振等级进行设计。

3.3.12 混凝土底座、凹槽、凸形挡台应符合下列规定：

1 混凝土底座厚度一般为 200 mm，隧道段最小厚度为 140 mm，每隔 5 m 设置一伸缩缝；

2 采用凹槽限位时，在限位凹槽处增加配筋量，混凝土底座的强度宜为 C30；

3 当采用凸形挡台限位时，混凝土底座的强度宜为 C30，凸形挡台的强度宜为 C40，凸形挡台外观尺寸应与轨道板和板缝配套设计。

3.4 弹性约束结构设计

3.4.1 弹性约束结构包括高分子阻尼材料、弹性垫板、降噪块/PP-R 管、调轨组件和其他掺和料等，具体组成及性能以设计图为准。

3.4.2 嵌入式轨道高分子阻尼材料性能应满足系统设计要求，其设计应符合下列规定：

1 高分子阻尼材料分为常温型和低温型，常温型的使用环境温度为 – 20 °C ~ 50 °C，低温型的使用环境温度为 – 40 °C ~ 50 °C；

2 高分子阻尼材料的施工温度应符合无缝线路锁定要求；

3 高分子阻尼材料性能要求应符合表 3.4.2-1、表 3.4.2-2 的规定，相关测试和制样方法应符合本规程附录 E 的规定。

表 3.4.2-1　有轨电车高分子阻尼材料的性能指标

项　目			要　求	检测方法
施工工艺性能	黏度（混合 30 min 后）①/Pa · s		≤100	GB/T 2794
	硬度（固化 24 h）②（IRHD）		≥45	GB/T 6031
物理机械性能	硬度（IRHD）		65 ± 5	GB/T 6031
	拉伸强度③/MPa		≥3	GB/T 528 或 GB/T 2567
	拉断伸长率③/%		≥100	
	黏结强度④/MPa		≥2	GB/T 13477.8
	低温脆性⑤/°C	常温型	≤ – 40	GB/T 1682
		低温型	≤ – 60	
	工作电阻⑥/Ω		$\geqslant 10^8$	GB/T 21527
	耐热空气老化（70 °C × 168 h）	黏结强度/MPa	≥1.5	GB/T 3512
		硬度变化（IRHD）	± 5	
		拉伸强度/MPa	≥2.4	
		拉断伸长率/%	≥80	
	耐臭氧老化（40 °C × 72 h，100×10^{-8}，20%伸长）	外观	无龟裂	GB/T 7762
	耐盐水老化（4% NaCl，40 °C × 168 h）	黏结强度/MPa	≥1.5	GB/T 1690
		硬度变化（IRHD）	± 5	
		拉伸强度/MPa	≥2.4	
		拉断伸长率/%	≥80	
	耐紫外老化（45 °C × 30 W/m^2 × 168 h）	硬度变化（IRHD）	± 5	GB/T 16585
		拉伸强度/MPa	≥2.4	
		拉断伸长率/%	≥80	

注：① 混合 30 min 后黏度≤100 Pa · s，即为可工作时间≥30 min；

② 固化 24 h 硬度≥45，即为承载时间≤24 h；

③ 高分子阻尼材料采用聚氨酯时拉伸强度和拉断伸长率按照 GB/T 528 中 I 型试样进行测试，采用环氧树脂时按照 GB/T 2567 进行测试；

④ 黏结强度为高分子阻尼材料与钢板黏结强度；

⑤ 在使用环境温度高于 – 20 °C 的地区按常温型要求测试，在使用环境低于 – 20 °C 的地区按低温型要求测试；

⑥ 工作电阻样件尺寸为 150 mm × 120 mm × 15 mm。

表 3.4.2-2　地铁高分子阻尼材料的性能指标

<table>
<tr><th colspan="3">项　目</th><th>要　求</th><th>检测方法</th></tr>
<tr><td rowspan="2">施工工艺性能</td><td colspan="2">黏度（混合 30 min 后）①/Pa · s</td><td>≤100</td><td>GB/T 2794</td></tr>
<tr><td colspan="2">硬度（固化 24 h）②（IRHD）</td><td>≥45</td><td>GB/T 6031</td></tr>
<tr><td rowspan="21">物理机械性能</td><td colspan="2">工作电阻③/Ω</td><td>≥10^{8}</td><td>GB/T 21527</td></tr>
<tr><td colspan="2">硬度（IRHD）</td><td>65 ± 5</td><td>GB/T 6031</td></tr>
<tr><td colspan="2">拉伸强度④/MPa</td><td>≥6</td><td rowspan="2">GB/T 528 或 GB/T 2567</td></tr>
<tr><td colspan="2">拉断伸长率④/%</td><td>≥80</td></tr>
<tr><td colspan="2">撕裂强度（直角无割口）/（kN/m）</td><td>≥25</td><td>GB/T 529</td></tr>
<tr><td colspan="2">黏结强度⑤（与混凝土）/MPa</td><td>≥2</td><td>GB/T 16777</td></tr>
<tr><td colspan="2">剥离黏合强度/（kN/m）</td><td>≥8</td><td>GB/T 7760</td></tr>
<tr><td colspan="2">耐霉菌</td><td>Ⅰ级</td><td>HG/T 4301</td></tr>
<tr><td colspan="2">阻燃性（垂直燃烧法）</td><td>FV-1</td><td>GB/T 10707</td></tr>
<tr><td rowspan="4">耐热空气老化（70 °C × 168 h）</td><td>剥离黏合强度 /（kN/m）</td><td>≥6</td><td rowspan="4">GB/T 3512</td></tr>
<tr><td>硬度变化（IRHD）</td><td>± 5</td></tr>
<tr><td>拉伸强度/MPa</td><td>≥4.8</td></tr>
<tr><td>拉断伸长率/%</td><td>≥70</td></tr>
<tr><td>耐臭氧老化（40 °C × 72 h, 100×10^{-8}, 20%伸长）</td><td>外观</td><td>无龟裂</td><td>GB/T 7762</td></tr>
<tr><td rowspan="4">耐碱水老化（23 °C × 168 h）</td><td>剥离黏合强度 /（kN/m）</td><td>≥6</td><td rowspan="4">GB/T 16777</td></tr>
<tr><td>硬度变化（IRHD）</td><td>± 5</td></tr>
<tr><td>拉伸强度/MPa</td><td>≥4.8</td></tr>
<tr><td>拉断伸长率/%</td><td>≥70</td></tr>
<tr><td rowspan="3">耐紫外老化（45 °C × 30 W/m^2 × 168 h）</td><td>硬度变化（IRHD）</td><td>± 5</td><td rowspan="3">GB/T 16585</td></tr>
<tr><td>拉伸强度/MPa</td><td>≥4.8</td></tr>
<tr><td>拉断伸长率/%</td><td>≥70</td></tr>
</table>

注：① 混合 30 min 后黏度≤100 Pa · s，即为可工作时间≥30 min；
② 固化 24 h 硬度≥45，即为承载时间≤24 h；
③ 工作电阻样件尺寸为 150 mm × 120 mm × 15 mm；
④ 高分子阻尼材料采用聚氨酯时拉伸强度和拉断伸长率按照 GB/T 528 中Ⅰ型试样进行测试，采用环氧树脂时按照 GB/T 2567 进行测试；
⑤ 与混凝土黏结强度按照 GB/T 16777 中方法 A 黏结测试方法进行，试块采用与轨道板同等强度的混凝土制成。

3.4.3 弹性垫板应满足嵌入式轨道耐久性、减振性等设计要求，并符合表 3.4.3 的规定。宽度应不小于钢轨轨底宽度，且满足施工要求。

表 3.4.3 弹性垫板的物理机械性能指标

<table>
<tr><th colspan="2">项 目</th><th>要 求</th><th>检测方法</th></tr>
<tr><td colspan="2">拉伸强度/MPa</td><td>≥1.5</td><td rowspan="2">GB/T 10654</td></tr>
<tr><td colspan="2">拉断伸长率/%</td><td>≥150</td></tr>
<tr><td colspan="2">压缩永久变形（70 °C × 24 h，压缩 30%）/%</td><td>≤25</td><td>GB/T 10653</td></tr>
<tr><td colspan="2">工作电阻/Ω</td><td>≥10^8</td><td>GB/T 21527</td></tr>
<tr><td rowspan="2">热空气老化（70 °C × 72 h）</td><td>拉伸强度/MPa</td><td>≥1.2</td><td rowspan="2">GB/T 3512</td></tr>
<tr><td>拉断伸长率/%</td><td>≥120</td></tr>
<tr><td rowspan="2">刚度</td><td>静刚度/（kN/mm）</td><td>5 ~ 11</td><td rowspan="3">本规程附录 F</td></tr>
<tr><td>动静比</td><td>≤1.35</td></tr>
<tr><td colspan="2">耐寒性能①（– 40 °C 静刚度变化率）/%</td><td>≤20</td></tr>
<tr><td rowspan="3">300 万次疲劳性能</td><td>裂纹</td><td>不得出现裂纹</td><td rowspan="3">本规程附录 G</td></tr>
<tr><td>永久变形/mm</td><td>≤1</td></tr>
<tr><td>静刚度变化率/%</td><td>≤20</td></tr>
</table>

注：① 耐寒性能仅在低于 – 20 °C 环境温度地区使用时测试。

3.4.4 调轨组件采用玻璃纤维增强尼龙制成，由保持架和楔形块组成，依据钢轨类型配套设计，横向调整能力应不小于 10 mm，物理机械性能指标应符合表 3.4.4 的规定。

表 3.4.4　调轨组件的物理机械性能指标

<table>
<tr><th>项　目</th><th>要　求</th><th>检测方法</th></tr>
<tr><td>球压痕硬度（HB）</td><td>≥30</td><td>GB/T 3398.1</td></tr>
<tr><td>拉伸强度/MPa</td><td>≥55</td><td rowspan="2">GB/T 1040.2</td></tr>
<tr><td>断裂拉伸应变/%</td><td>≥2</td></tr>
</table>

3.4.5　降噪块为高分子材料预制部件，其结构设计应与钢轨廓形、系统减振降噪需求相匹配，其物理机械性能指标应符合表3.4.5的规定。

表 3.4.5　降噪块的物理机械性能指标

<table>
<tr><th colspan="3">项　目</th><th>指　标</th><th>检测方法</th></tr>
<tr><td colspan="3">工作电阻/Ω</td><td>$\geqslant 10^8$</td><td>GB/T 21257</td></tr>
<tr><td colspan="3">拉伸强度/MPa</td><td>≥2.5</td><td>GB/T 528</td></tr>
<tr><td colspan="3">拉断伸长率/%</td><td>≥90</td><td>GB/T 528</td></tr>
<tr><td rowspan="2">黏结强度/MPa</td><td colspan="2">与钢板</td><td>≥1</td><td>GB/T 12830</td></tr>
<tr><td colspan="2">与高分子阻尼材料</td><td>≥1</td><td>GB/T 13477.8</td></tr>
<tr><td rowspan="4">热空气老化
（70 °C×168 h）</td><td rowspan="2">黏结强度
/MPa</td><td>与钢板</td><td>≥0.8</td><td rowspan="4">GB/T 3512
GB/T 13477.8
GB/T 12830</td></tr>
<tr><td>与高分子阻尼材料</td><td>≥0.8</td></tr>
<tr><td colspan="2">拉伸强度/MPa</td><td>≥1.5</td></tr>
<tr><td colspan="2">拉断伸长率/%</td><td>≥70</td></tr>
</table>

注：降噪块拉伸强度测试时，采用同批次材料制成 6 mm 标准样件，参照 GB/T 528 的要求进行测试。

3.4.6　嵌入式轨道在线路应用时，应提供近三年嵌入式轨道系统刚度、疲劳性能的第三方检测报告，检测结果应符合本规程第3.2.1、第 3.2.2 条中的相应要求。弹性约束结构材料和各组件应提供质量证明文件。

3.5 轨道接口设计

3.5.1 嵌入式轨道设计应考虑排水、均回流电缆、信号标志、过轨管线、计轴器、杂散电流、手井、绿化灌溉、供电轨等的接口设计要求。

3.5.2 嵌入式轨道路基地段工后沉降不宜超过 15 mm；沉降比较均匀且调整轨面高程后的竖曲线半径大于等于 2 500 m 时，允许工后沉降为 50 mm。路基与桥梁、隧道或横向结构物交界处的工后差异沉降不应大于 10 mm，不均匀沉降造成的折角不应大于 1/1 000。

3.5.3 有轨电车嵌入式轨道应结合市政排水系统进行设计；地铁隧道内嵌入式轨道排水设计可采用中心排水或侧沟排水的方式，排水沟坡度应与线路坡度一致，线路平坡地段排水沟底部应有不小于 2‰的纵坡。

3.5.4 均回流电缆的设计应符合《地铁设计规范》GB 50157 相关要求，与供电专业共同确定。结合线路需求，可设置在板缝处。当嵌入式轨道采用凸形挡台限位时，可在凸形挡台下部预留横向电缆孔。

3.5.5 地铁防杂散电流的设计应满足《地铁设计规范》GB 50157 及《地铁杂散电流腐蚀防护技术规程》CJJ 49 相关要求，有轨电车防杂散电流可参考相关规范，结合已有工程经验进行设计。

4 施　工

4.1 一般规定

4.1.1 嵌入式轨道板、降噪块、弹性垫板等轨道部件应工厂化生产，其质量应满足相关技术条件的要求。

4.1.2 嵌入式轨道施工工艺流程应按图 4.1.2-1、图 4.1.2-2 的步骤进行。

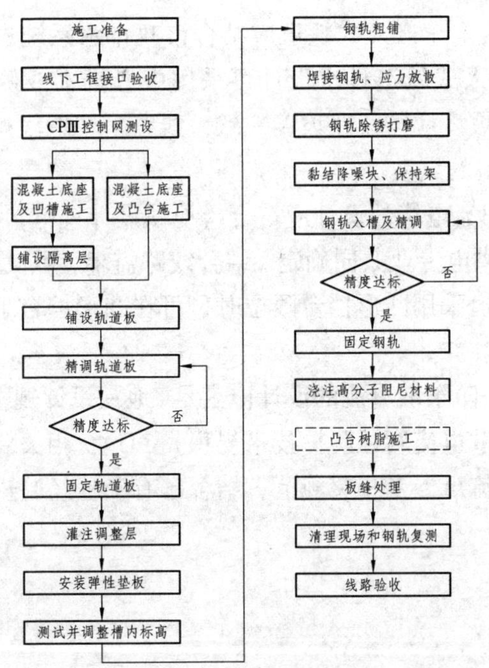

图 4.1.2-1　预制板式道床施工工艺流程图

注：嵌入式轨道板采用凸台限位时，则有凸台树脂施工工序。

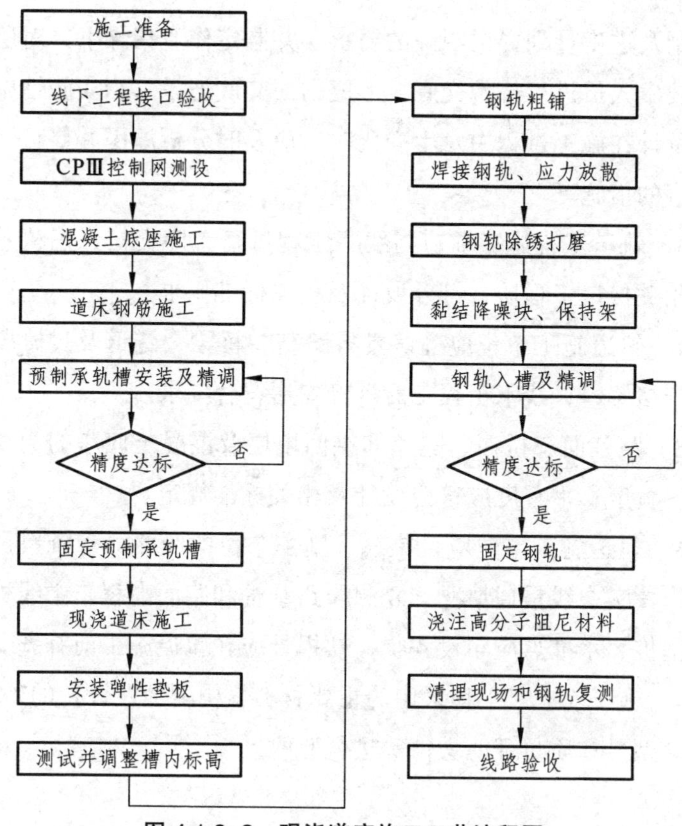

图 4.1.2-2　现浇道床施工工艺流程图

4.2　施工准备

4.2.1　施工前，应熟悉设计文件，收集与轨道工程施工有关的线下工程完工验收资料、施工记录及变更设计文件，并现场调查复核。

4.2.2　轨道工程施工前应编制施工组织设计，对施工过程的质量控制及进度计划提出明确的要求，并制定作业指导书，对所有施工技术人员进行技术交底，形成书面交底记录。当实施性施工组织设计在施工过程中发生变化时，应及时分析原因并修订，采取相应的措施。

4.2.3 轨道工程施工前应与线下工程进行工序交接，确认基础面和相关接口工程质量符合设计及相关标准要求。

4.2.4 轨道施工单位应确认具有路基、桥梁、隧道及过渡段的验收合格资料，线下工程工后沉降变形符合要求。

4.2.5 路基面、桥面、隧道仰拱回填层及混凝土底座的中线、高程、宽度、平整度应符合设计及相关标准规定。

4.2.6 轨道施工单位应接收线下施工单位的线路测量资料及控制桩，核实中线贯通情况，复测线路基桩和路面高程。中线桩、线路基桩、水准点应布设齐全，缺损处应在轨道施工前补齐。

4.2.7 施工前应对工程采用的主要材料、构配件及设备的外观、规格、型号和质量证明文件等进行验收。

4.3 CPⅢ控制网测设

4.3.1 线下工程完工后，线下施工单位应在建设单位的组织下向轨道施工单位全面完整地移交线下工程控制测量成果资料及各级控制桩点。

4.3.2 建设单位应组织勘察设计单位和轨道施工单位对测设CPⅢ控制网所需的上级平面和高程控制网进行复测、加密和评估。

4.3.3 轨道施工单位应依据复测、加密和经过评估的测量资料进行 CPⅢ控制网的测设。CPⅢ控制网的测设和采用的测量标志应当保证施工测量的需求和精度，同时兼顾后期永久性运营维护测量控制网设立的需求。

4.3.4 CPⅢ控制点宜沿线路方向每间隔 35 m ~ 70 m 对称设置一对点；CPⅢ控制网每一独立测段的长度应不小于 1 500 m，独立测段的首尾均应伸入相邻独立测段的重叠测量长度不少于 2 ~ 3 对 CPⅢ控制点。

4.4 混凝土底座、凸台施工

4.4.1 混凝土底座采用钢筋混凝土结构，其施工应符合下列规定：

1 钢筋进场后应按《混凝土结构工程施工质量验收规范》GB 50204 的要求进行质量验收，对于特殊地段需要采用玻璃纤维筋时，玻璃纤维筋的使用应满足《土木工程用玻璃纤维增强筋》JGT 406 的相关规定；

2 模板及支架的材料质量及结构应符合施工工艺设计要求；模板安装必须稳固牢靠，接缝严密，不得漏浆；模板与混凝土的接触面必须清理干净并涂刷隔离剂；预留孔位置、尺寸应符合设计要求；

3 混凝土的施工应满足设计与《混凝土结构工程施工质量验收规范》GB 50204 的相关规定，混凝土底座外形尺寸允许偏差应符合表 4.4.1 的规定。

表 4.4.1　混凝土底座外形尺寸允许偏差

项　目	允许偏差/mm
顶面高程	+3，－10
宽度	±10
中线位置	3
平整度	10 mm/3 m

4.4.2　当混凝土底座设置凹槽限位时，凹槽模板采用框架内支撑结构，根据线路中线确定凹槽模板位置，植入钢筋竖向固定，并在横向、纵向焊连钢筋固定模板支架。限位凹槽允许偏差应符合表 4.4.2 的规定。

表 4.4.2　限位凹槽允许偏差

检查项目	允许偏差/mm
槽底高程	0，－5
长度和宽度	±5
中线位置	10
相邻凹槽中心间距	10

4.4.3　当混凝土底座上设置有凸形挡台时，凸形挡台尺寸允许偏差应符合表 4.4.3 的规定。

表 4.4.3　凸形挡台尺寸允许偏差

项　目	允许偏差/mm
圆形挡台的直径	±3
非圆形挡台的两侧圆弧半径	±2
中线位置	3
挡台中心间距	±5
顶面高程	+5，0

4.4.4 凸台树脂施工应符合下列规定：

1 施工环境温度为 5 °C ~ 40 °C,雨雪天无特殊措施禁止施工；

2 灌注袋安装后无褶皱、孔洞、缝隙，灌注时凸台树脂 A、B 组分应充分搅拌混合均匀。

4.4.5 当混凝土底座内设置有预埋钢筋时，预埋钢筋高出底座顶面高度应满足设计要求，高度允许偏差范围为 – 5 mm ~ 0 mm。

4.4.6 当混凝土底座上设置有隔离层时，隔离层应铺贴平整，无破损，搭接处及边沿无翘起、空鼓、褶皱、脱层或封口不严等缺陷，搭接量应符合设计要求。

4.4.7 当混凝土底座强度达到设计强度的 80%及以上时，方可铺设轨道板，曲线段底座超高设置应满足设计要求。

4.5 轨道板铺设

4.5.1 轨道板铺设前，应根据设计图纸测量放样出轨道板的安装控制点，粗铺轨道板。

4.5.2 轨道板粗铺完成后，架设轨道板精调装置，进行轨道板精调。轨道板的精调装置应具有足够的强度、刚度和保持能力，以保证轨道板的调整精度，精调完成后应固定。

4.5.3 轨道板的安装允许偏差应符合表 4.5.3 的规定。

表 4.5.3 轨道板位置允许偏差

检查项目	允许偏差/mm
高　程	± 2
中　线	2
相邻轨道板接缝处承轨槽底部相对横向偏差	2
相邻轨道板接缝处承轨槽底部相对高差	2

4.5.4 轨道板铺设完成后，应清理承轨槽内浮锈、浮浆、浮灰、积水等，并铺设弹性垫板。弹性垫板沿承轨槽中心线连续铺设于承轨槽底面，横向位置偏差应小于 – 5 mm ~ 5 mm。

4.6 调整层施工

4.6.1 调整层的施工应在轨道板安装、精调、固定后进行。调整层施工前应检查轨道板精调装置、压板装置的受力状态及紧固程度，确保轨道板施工过程中不出现下沉、偏移或上浮。

4.6.2 调整层材料为自密实混凝土时，施工前应进行揭板试验，验证配合比和施工的和易性。每张轨道板应一次性连续灌注。

4.6.3 调整层材料为水泥乳化沥青砂浆或聚合物砂浆时，应采用灌注袋的方式。灌注袋在轨道板下应完全拉平展开，不得形成“皱纹”，并用胶带等固定。每个灌注袋应一次连续灌注。

4.7 现浇道床施工

4.7.1 现浇道床在混凝土底座上铺设隔离层后，即可铺设预制承轨槽、立模、安装钢筋、浇筑混凝土。现浇道床钢筋、混凝土的施工应满足《混凝土结构工程施工质量验收规范》GB 50204 的相关规定。

4.7.2 预制承轨槽安装精调后，其安装允许偏差应满足表 4.7.2 的规定。

表 4.7.2 预制承轨槽安装允许偏差

检测项目	允许偏差/mm	备 注
高程（承轨面）	±2	
中线	2	
相邻预制承轨槽接缝处承轨槽底部相对横向偏差	2	不允许连续3块出现同向偏差
相邻预制承轨槽接缝处承轨槽底部相对高差	2	

4.7.3 预制承轨槽精调后，应固定牢靠，确保在道床混凝土浇筑过程中，不发生上浮、偏移，接缝处应用密封胶密封防水。

4.7.4 预制承轨槽安装验收合格后，方可进行道床混凝土浇筑，混凝土浇筑应符合本规程第 4.4 节中的相关要求。现浇道床浇筑时应根据设计要求预留伸缩缝，伸缩缝处可采用沥青木板、聚乙烯泡沫板等填缝材料填充或嵌缝。

4.8 钢轨焊接、组装入槽及精调

4.8.1 钢轨焊接、组装入槽及精调的施工工艺流程应按图 4.8.1 的步骤进行。

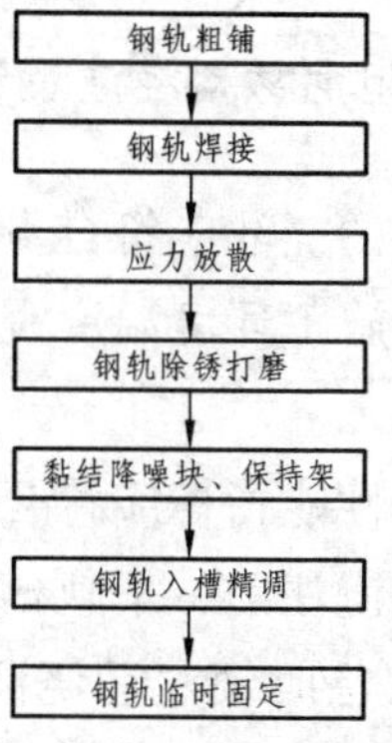

图 4.8.1 钢轨焊接、组装入槽及精调的施工工艺流程图

4.8.2 钢轨焊接应采用质量稳定、性能优异的铝热焊、闪光焊或气压焊等焊接方式，施工前应进行型式检验。

4.8.3 单元长轨条长度一般不低于 200 m，困难地段一般不低于 50 m，铺设后单元和单元间应采用铝热焊。

4.8.4 钢轨焊接头应进行超声波探伤检查。

4.8.5 钢轨焊接后，就位前应进行应力放散。

4.8.6 应力放散后需对钢轨进行除锈清理，并安装降噪块和保持架，降噪块和保持架纵向间距允许偏差为 ± 10 mm。

4.8.7 钢轨入槽后进行钢轨精调。精调应遵循“先高低、后水平”“先轨向、后轨距”的原则。利用板缝调整工装调整钢轨高低，利用调轨组件进行轨道几何形位精调及固定，轨道精调指标应符合本规程第 3.1.3 条的规定。

4.8.8 当钢轨精调困难时，可适当减小调轨组件间距，增加调轨组件数量。

4.8.9 单元长轨条精调就位后，在槽内高分子阻尼材料作业期间，应采用锁轨装置将钢轨临时锁定。

4.9 高分子阻尼材料浇注及无缝线路锁定

4.9.1 高分子阻尼材料的浇注应符合下列规定：

1 高分子阻尼材料施工环境温度宜在 5 °C ~ 40 °C，环境湿度应不大于 80%；

2 高分子阻尼材料性能指标应符合表 3.4.2 的要求；

3 高分子阻尼材料浇注前，承轨槽内应干净、干燥。

4.9.2 采用工装将钢轨临时锁定后浇注高分子阻尼材料，待高分子阻尼材料达到设计强度后，解除临时锁定工装，完成钢轨锁定施工。钢轨锁定及高分子阻尼材料浇注顺序应按图 4.9.2 的要求进行。

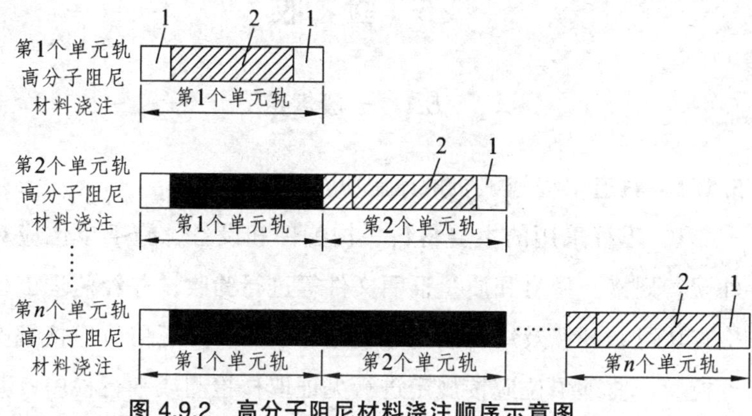

图 4.9.2　高分子阻尼材料浇注顺序示意图

1—工装锁定区；2—高分子阻尼材料浇注区

4.9.3　无缝线路锁定轨温可在中和轨温 ± 15 °C 内；相邻单元轨节之间的锁定轨温之差不应大于 5 °C；同一区间，单元轨节的最高和最低锁定轨温之差不应大于 10 °C；左右股钢轨锁定轨温之差不应大于 3 °C。

4.9.4　施工过程中不得扰动钢轨的几何形位。

5 验 收

5.1 一般规定

5.1.1 轨道工程施工质量控制应符合下列要求：

1 工程采用的主要材料、构配件和设备，施工单位应对其外观、规格、型号和质量证明文件等进行验收，并经监理工程师检查认可；凡涉及结构安全和使用功能的，施工单位应按批次进行检验，监理单位应按规定进行见证取样检测或平行检验；其质量必须符合现行有关标准的规定，并应按品种、规格和检验状态分别标记存放；

2 各工序应按施工技术标准进行质量控制，每道工序完成后，施工单位应进行检查，形成记录；

3 工序间应进行交接检验，上道工序应满足下道工序的施工条件和技术要求；相关专业工序间的交接检验应经监理工程师检查认可，未经检查或经检查不合格的不得进行下道工序施工。

5.1.2 嵌入式轨道工程施工质量及验收应符合下列要求：

1 工程施工质量应符合本规程的规定；

2 工程施工质量应符合工程勘察、设计文件的要求；

3 参加工程施工质量验收的各方人员应具备规定的资格；

4 工程施工质量的验收均应在施工单位自行检查评定合格的基础上进行；

5　隐蔽工程在隐蔽前应由施工单位通知监理单位进行检查，并应形成检验批资料；

6　涉及结构安全的试块、试件和现场检验项目，监理单位应按规定进行平行检验、见证取样检测或见证检测；

7　检验批的质量应按主控项目和一般项目验收；

8　对涉及结构安全和使用功能的分部工程应进行抽样检测；

9　承担见证取样检测及有关结构安全检测的单位应具有相应的资质。

5.1.3　路基、桥涵、隧道工程防排水系统满足设计要求，并验收合格。

5.2　工程施工质量验收单元划分

5.2.1　单位工程应按一个完整工程或某一长度的施工范围划分，并按下列原则确定：

1　正线轨道：一个区间（以站中心为界、含正线道岔），当区间含有不同类型轨道结构时，也可按轨道类型划分；

2　站场轨道：一个站或大型枢纽的一个场（以最外方咽喉道岔岔尖 20 m 为界，含站线道岔）；

3　当区间轨道划分为不同的施工标段或接管管段时，单位工程也可按施工标段或接管管段划分。

5.2.2　轨道工程分部工程、分项工程划分和检验批检验项目应符合表 5.2.2 的规定。

表 5.2.2 轨道工程分部工程、分项工程、检验批划分和检验项目

<table>
<tr><th rowspan="2">分部工程</th><th rowspan="2" colspan="3">分项工程</th><th rowspan="2">检验批</th><th colspan="2">检验项目条文号</th></tr>
<tr><th>主控项目</th><th>一般项目</th></tr>
<tr><td>与线下工程的交接</td><td colspan="3">线下及接口工程交接</td><td>交接区段</td><td>5.5.1</td><td>5.5.2</td></tr>
<tr><td>施工控制网</td><td colspan="3">CPⅢ测设</td><td>测量区段</td><td>5.6.1~5.6.2</td><td>5.6.1~5.6.2</td></tr>
<tr><td rowspan="11">板式道床</td><td rowspan="3" colspan="2">混凝土底座或凸形挡台</td><td>模板</td><td>施工段</td><td>5.7.1</td><td>5.7.1</td></tr>
<tr><td>钢筋</td><td>施工段</td><td>5.7.1</td><td>5.7.1</td></tr>
<tr><td>混凝土</td><td>施工段</td><td>5.7.1</td><td>5.7.1</td></tr>
<tr><td colspan="3">隔离层施工</td><td>施工段</td><td>5.7.2</td><td>5.7.3</td></tr>
<tr><td colspan="3">轨道板铺设</td><td>施工段</td><td>5.7.4</td><td>5.7.5</td></tr>
<tr><td rowspan="4">调整层</td><td rowspan="3">自密实混凝土</td><td>模板</td><td>施工段</td><td>5.7.6</td><td>5.7.7</td></tr>
<tr><td>钢筋</td><td>施工段</td><td>5.7.6</td><td>5.7.7</td></tr>
<tr><td>混凝土</td><td>施工段</td><td>5.7.6</td><td>5.7.7</td></tr>
<tr><td colspan="2">砂浆</td><td>施工段</td><td>5.7.8</td><td>5.7.9</td></tr>
<tr><td colspan="3">凸形挡台填充树脂施工</td><td>施工段</td><td>5.7.10</td><td>5.7.11</td></tr>
<tr><td colspan="3">减振垫铺设</td><td>施工段</td><td>5.7.12</td><td>5.7.13</td></tr>
<tr><td rowspan="4">现浇道床</td><td rowspan="3" colspan="2">混凝土现浇道床</td><td>模板</td><td>施工段</td><td>5.8.1</td><td>5.8.1</td></tr>
<tr><td>钢筋</td><td>施工段</td><td>5.8.1</td><td>5.8.1</td></tr>
<tr><td>混凝土</td><td>施工段</td><td>5.8.1</td><td>5.8.1</td></tr>
<tr><td colspan="3">预制承轨槽铺设</td><td>施工段</td><td>5.8.2</td><td>5.8.3</td></tr>
<tr><td rowspan="6">无缝线路</td><td colspan="3">钢轨粗铺</td><td>施工段</td><td>5.9.1</td><td>5.9.2</td></tr>
<tr><td colspan="3">钢轨焊接</td><td>施工段</td><td>5.9.3</td><td>5.9.4</td></tr>
<tr><td colspan="3">钢轨组装入槽</td><td>施工段</td><td>5.9.5</td><td>5.9.6</td></tr>
<tr><td colspan="3">钢轨精调</td><td>施工段</td><td>5.9.7</td><td>5.9.8</td></tr>
<tr><td colspan="3">工装临时锁固钢轨</td><td>施工段</td><td>5.9.9</td><td>5.9.10</td></tr>
<tr><td colspan="3">高分子阻尼材料浇注及无缝线路锁定</td><td>施工段</td><td>5.9.11</td><td>5.9.12</td></tr>
</table>

5.3 工程施工质量验收内容和要求

5.3.1 检验批的质量验收应包括下列内容:

1 实物检查应按下列方式进行:

1）对原材料、构配件、设备等的检验，应按进场的批次和本规程规定的抽样检验方案执行;

2）对混凝土性能指标的检验，应按国家现行有关标准和本规程规定的抽样检验方案执行;

3）对本规程中采用计数检验的项目，应按抽查总点数的合格率进行检查。

2 资料检查，应包括原材料、构配件和设备等的质量证明文件（质量合格证、规格、型号及性能检测报告等）和检验报告、施工过程中重要工序的自检和交接检验记录、平行检验报告、见证取样检测报告等。

5.3.2 检验批质量验收合格应符合下列规定:

1 主控项目的质量经抽样检验全部合格;

2 一般项目的质量经抽样检验全部合格，当采用计数检验时，有允许偏差的抽查点，除有特殊要求外，80%及以上的抽查点应控制在规定的允许偏差内，最大偏差不得大于规定允许偏差的 1.5 倍;

3 具有完整的施工操作依据、质量检查记录;

4 施工作业人员质量责任登记情况真实、全面。

5.3.3 分项工程质量验收合格应符合下列要求:

1 分项工程所含检验批的质量均应验收合格;

2 分项工程所含检验批的质量验收记录应完整。

5.3.4 分部工程质量验收合格应符合下列要求:

1　分部工程所含分项工程的质量均应验收合格；

2　质量控制资料应完整；

3　重要分部工程中有关结构安全及使用功能的检测结果应符合有关规定。

5.3.5　单位工程质量验收合格应符合下列要求：

1　单位工程所含分部工程的质量均应验收合格；

2　质量控制资料应完整；

3　实体质量和重要功能应符合相关标准、规范的规定和设计要求；

4　观感质量验收应符合要求。

5.3.6　当工程施工质量不符合要求时，应按下列要求进行处理：

1　经返工重做的或更换构配件、设备的，应重新进行验收；

2　当对试块/试件的试验结果有怀疑，或因试块/试件丢失损坏、试验资料缺失等无法判断实体质量时，应由有资质的法定检测单位对实体质量进行检测鉴定，凡达到设计要求，可予以验收。

5.3.7　通过返修或加固处理仍不能满足安全使用要求的分部工程、单位工程，严禁验收。

5.4　工程施工质量验收程序和组织

5.4.1　检验批应由施工单位自检合格后报监理单位，由监理工程师组织施工单位专职质量检查员等进行验收。施工单位应对全部主控项目和一般项目进行检查。监理单位应对全部主控项目进行检查，对一般项目的检查内容和数量可根据具体情况确定。检验批质量验收记录应按表 5.4.1 的要求填写。对于主控项目，施工单位检查评定记录及监理单位验收记录的内容应填写详细、具体；对于一般项目，可填写概括性结论。

表 5.4.1 检验批质量验收记录

<table>
<tr><td colspan="2">工程名称</td><td colspan="3"></td><td>分部工程名称</td><td colspan="8"></td></tr>
<tr><td colspan="2">验收部位</td><td colspan="3"></td><td>施工单位</td><td colspan="8"></td></tr>
<tr><td colspan="2">项目负责人</td><td></td><td colspan="2">专业工长</td><td colspan="3"></td><td colspan="4">施工班组长</td><td colspan="2"></td></tr>
<tr><td colspan="5">施工质量验收标准名称及编号</td><td colspan="9"></td></tr>
<tr><td colspan="5">施工质量验收标准的规定</td><td colspan="8">施工单位检查评定记录</td><td>监理（建设）单位验收记录</td></tr>
<tr><td rowspan="7">主控项目</td><td>1</td><td></td><td></td><td colspan="10"></td><td rowspan="7"></td></tr>
<tr><td>2</td><td></td><td></td><td colspan="10"></td></tr>
<tr><td>3</td><td></td><td></td><td colspan="10"></td></tr>
<tr><td>4</td><td></td><td></td><td></td><td></td><td></td><td></td><td></td><td></td><td></td><td></td><td></td></tr>
<tr><td>5</td><td></td><td></td><td></td><td></td><td></td><td></td><td></td><td></td><td></td><td></td><td></td></tr>
<tr><td>6</td><td></td><td></td><td></td><td></td><td></td><td></td><td></td><td></td><td></td><td></td><td></td></tr>
<tr><td>7</td><td></td><td></td><td colspan="10"></td></tr>
<tr><td rowspan="6">一般项目</td><td>1</td><td></td><td></td><td colspan="10"></td><td rowspan="6"></td></tr>
<tr><td>2</td><td></td><td></td><td colspan="10"></td></tr>
<tr><td>3</td><td></td><td></td><td colspan="10"></td></tr>
<tr><td>4</td><td></td><td></td><td></td><td></td><td></td><td></td><td></td><td></td><td></td><td></td><td></td></tr>
<tr><td>5</td><td></td><td></td><td></td><td></td><td></td><td></td><td></td><td></td><td></td><td></td><td></td></tr>
<tr><td>6</td><td></td><td></td><td></td><td></td><td></td><td></td><td></td><td></td><td></td><td></td><td></td></tr>
<tr><td colspan="14">共实测　点，其中合格　点、不合格　点，合格率　%。</td></tr>
<tr><td colspan="2">施工单位检查评定结果</td><td colspan="12">项目专业质量检查员：　　项目专业质量（技术）负责人：
年　月　日</td></tr>
<tr><td colspan="2">监理（建设）单位验收结论</td><td colspan="12">监理工程师（建设单位项目技术负责人）：
年　月　日</td></tr>
</table>

5.4.2 分项工程应由监理工程师组织施工单位分项工程技术负责人等进行验收，施工控制网分项工程验收应由建设单位技术负责人组织勘察设计、施工、监理、咨询或评估单位技术负责人进行验收，并按表 5.4.2 的要求填写记录。

表 5.4.2 分项工程质量验收记录

<table>
<tr><td colspan="2">工程名称</td><td colspan="3"></td></tr>
<tr><td colspan="2">分部工程</td><td colspan="3"></td></tr>
<tr><td colspan="2">分项工程</td><td></td><td>检验批数</td><td></td></tr>
<tr><td colspan="2">施工单位</td><td></td><td>项目负责人</td><td></td></tr>
<tr><td>序号</td><td>检验批部位、区段</td><td colspan="2">施工单位检查评定记录</td><td>监理（建设）单位验收记录</td></tr>
<tr><td>1</td><td></td><td colspan="2"></td><td></td></tr>
<tr><td>2</td><td></td><td colspan="2"></td><td></td></tr>
<tr><td>3</td><td></td><td colspan="2"></td><td></td></tr>
<tr><td>4</td><td></td><td colspan="2"></td><td></td></tr>
<tr><td>5</td><td></td><td colspan="2"></td><td></td></tr>
<tr><td>6</td><td></td><td colspan="2"></td><td></td></tr>
<tr><td>7</td><td></td><td colspan="2"></td><td></td></tr>
<tr><td>8</td><td></td><td colspan="2"></td><td></td></tr>
<tr><td>9</td><td></td><td colspan="2"></td><td></td></tr>
<tr><td>10</td><td></td><td colspan="2"></td><td></td></tr>
<tr><td>11</td><td></td><td colspan="2"></td><td></td></tr>
<tr><td>12</td><td></td><td colspan="2"></td><td></td></tr>
<tr><td colspan="2">施工单位检查评定结果</td><td colspan="3">项目专业质量检查员： 注册建造师（质量技术负责人）：
年 月 日</td></tr>
<tr><td colspan="2">监理单位验收结论</td><td colspan="3">监理工程师（建设单位项目技术负责人）：
年 月 日</td></tr>
</table>

5.4.3 分部工程应由监理工程师组织施工单位项目负责人和技术、质量负责人等进行验收，施工控制网分部工程进行验收时，勘察设计单位项目负责人应参加，并按表 5.4.3 的要求填写记录。

表 5.4.3　分部工程质量验收记录

<table>
<tr><td colspan="2">工程名称</td><td colspan="3"></td></tr>
<tr><td colspan="2">分部工程</td><td colspan="3"></td></tr>
<tr><td colspan="2">施工单位</td><td colspan="2"></td><td>项目负责人</td></tr>
<tr><td>序号</td><td>分项工程名称</td><td>检验批数</td><td>施工单位检查评定结果</td><td>监理单位验收结论</td></tr>
<tr><td>1</td><td></td><td></td><td></td><td rowspan="8"></td></tr>
<tr><td>2</td><td></td><td></td><td></td></tr>
<tr><td>3</td><td></td><td></td><td></td></tr>
<tr><td>4</td><td></td><td></td><td></td></tr>
<tr><td>5</td><td></td><td></td><td></td></tr>
<tr><td>6</td><td></td><td></td><td></td></tr>
<tr><td>7</td><td></td><td></td><td></td></tr>
<tr><td>8</td><td></td><td></td><td></td></tr>
<tr><td colspan="3">质量控制资料</td><td colspan="2">完整</td></tr>
<tr><td colspan="3">安全和功能检验(检测)报告</td><td colspan="2">完整</td></tr>
<tr><td colspan="3">观感质量验收情况</td><td colspan="2">观感质量符合设计和规范要求，质量评价好</td></tr>
<tr><td rowspan="3">验收单位</td><td>施工单位</td><td colspan="3">注册建造师（项目经理）：
年　月　日</td></tr>
<tr><td>设计单位</td><td colspan="3">项目负责人：
年　月　日</td></tr>
<tr><td>监理（建设）单位</td><td colspan="3">总监理工程师：　年　月　日</td></tr>
</table>

注：设计单位应根据有关标准要求参加相关分部工程的验收。

5.4.4 单位工程完工后，施工单位应自行组织有关人员进行检查评定，并向建设单位提交单位工程验收报告。

5.4.5 建设单位收到工程验收报告后，应由建设单位项目负责人组织设计、施工、监理单位项目负责人进行单位工程验收，并按表 5.4.5 的要求填写记录。

表 5.4.5 单位工程质量验收记录

<table>
<tr><td colspan="2">工程名称</td><td></td><td>结构类型</td><td></td><td>建筑面积/建筑规模</td><td></td></tr>
<tr><td colspan="2">施工单位</td><td></td><td>技术负责人</td><td></td><td>开工日期</td><td></td></tr>
<tr><td colspan="2">项目负责人</td><td></td><td>项目技术负责人</td><td></td><td>竣工日期</td><td></td></tr>
<tr><td>序号</td><td>项　目</td><td colspan="3">验收记录</td><td colspan="2">验收结论</td></tr>
<tr><td>1</td><td>分部工程</td><td colspan="3">共　分部，经查　分部，符合标准及设计要求　分部</td><td colspan="2"></td></tr>
<tr><td>2</td><td>质量控制资料核查</td><td colspan="3">共　项，经审查符合要求　项，经核定符合规范要求　项</td><td colspan="2"></td></tr>
<tr><td>3</td><td>安全和主要使用功能核查及抽查结果</td><td colspan="3">共核查　项，符合要求　项，共抽查　项，符合要求　项，经返工处理符合要求　项</td><td colspan="2"></td></tr>
<tr><td>4</td><td>观感质量验收</td><td colspan="3">共抽查　项，符合要求　项，不符合要求　项</td><td colspan="2"></td></tr>
<tr><td>5</td><td>综合验收结论</td><td colspan="5"></td></tr>
<tr><td rowspan="2">验收单位</td><td>建设单位</td><td colspan="2">监理单位</td><td colspan="2">施工单位</td><td>设计单位</td></tr>
<tr><td>（公章）
单位（项目）负责人：
年　月　日</td><td colspan="2">（公章）
总监理工程师：
年　月　日</td><td colspan="2">（公章）
单位负责人：
年　月　日</td><td>（公章）
单位（项目）负责人：
年　月　日</td></tr>
</table>

5.5 线下及接口工程交接

5.5.1 线下及接口工程验收的主控项目应符合下列要求：

1 嵌入式轨道施工前应确认并接收轨道铺设条件评估报告，工后沉降变形及差异沉降应符合设计要求。

检验数量：全部检查；

检验方法：检查评估报告。

2 路基面、桥面、隧道仰拱回填层或底板的中线、高程、宽度、平整度、表面状态应符合相关标准规定和设计要求。

检验数量：全部检查；

检验方法：检查交接资料、复测。

3 桥面和隧道预埋件的规格、材质、位置、数量、状态应符合设计要求。

检验数量：全部检查；

检验方法：检查交接资料，查验产品质量证明文件，观察、尺量。

4 桥面伸缩缝安装应牢固，不得有脱落现象。

检验数量：全部检查；

检验方法：观察检查。

5 线下工程排水系统应符合设计要求，且排水畅通。

检验数量：全部检查；

检验方法：检查交接资料，观察、尺量。

6 与线下工程同步施工的接触网基础、过轨管道、综合接地应符合设计要求。

检验数量：全部检查；

检验方法：检查交接资料，观察。

5.5.2 线下及接口工程验收的一般项目应符合下列要求:

1 预埋件表面的水泥浆、油渍、颗粒状或片状老锈等应清除干净。

检查数量:全部检查;

检验方法:观察和锤击检查。

2 桥面、隧道仰拱回填层或底板表面应按设计要求进行拉毛处理,拉毛纹路应均匀、清晰、整齐。

检验数量:全部检查;

检验方法:观察检查。

3 渗排水构造应符合设计要求。

检验数量:全部检查;

检验方法:观察检查、检查隐蔽工程验收记录。

4 渗排水层的铺设应铺平、拍实。

检验数量:全部检查;

检验方法:观察检查、检查隐蔽工程验收记录。

5.6 施工控制网

5.6.1 CPⅠ、CPⅡ和线路水准基点复测应满足《高速铁路工程测量规范》TB 10601 的相关规定。

5.6.2 CPⅢ测设的检验应满足《高速铁路工程测量规范》TB 10601 的相关规定。

5.7 板式道床

5.7.1 混凝土底座、凸形挡台的钢筋、模板、混凝土的检验应满足《混凝土结构工程施工质量验收规范》GB 50204 的要求。

5.7.2 隔离层及橡胶垫板的主控项目：隔离层所用材料材质应符合设计规定。

检验数量：全部检查；

检验方法：查验产品质量证明文件，观察检测和试验检验。

5.7.3 隔离层的一般项目应符合下列要求：

1 隔离层的基底应平整清洁、干燥，不得有空鼓、空洞、蜂窝、麻面、浮渣、浮土和油污。

检验数量：全部检查；

检验方法：观察检查。

2 隔离层应铺贴平整，无破损，搭接处及边沿无翘起、空鼓、褶皱、脱层或封口不严等缺陷，搭接量满足设计要求。

检验数量：全部检查；

检验方法：观察检查。

3 橡胶垫板和凹槽侧面应粘贴牢固，搭接处及边沿无翘起、空鼓、褶皱、脱层或封口不严等缺陷，搭接量满足设计要求。

检验数量：全部检查；

检验方法：观察检查。

5.7.4 嵌入式轨道板铺设的主控项目应符合下列要求：

1 嵌入式轨道板的规格型号应符合设计要求及相关标准规定，进场应提供合格证和质量证明文件。

检验数量：全部检查；

检验方法：检查产品质量证明文件，观察、尺量。

2 嵌入式轨道板存放应采取措施避免污染、外力影响，防止轨道板变形和损坏。

检验数量：全部检查；

检验方法：观察检查。

3 嵌入式轨道板应按设计图纸要求进行铺设。

检验数量：全部检查；

检验方法：对照图纸检查。

4 嵌入式轨道板精调后应检查精调装置的受力状态及紧固程度，确保调整层施工过程中轨道板不出现上浮和偏移。

检验数量：全部检查；

检验方法：观察检查。

5 嵌入式轨道板铺设精调定位允许偏差应符合本规程第4.5.3条的规定。

检验数量：全部检查；

检验方法:施工单位用专用仪器测量,监理单位检查记录。

5.7.5 轨道板铺设的一般项目：轨道板铺设时，隔离层、弹性垫层表面不得残留杂物和积水。

检验数量：全部检查；

检验方法：观察检查。

5.7.6 自密实混凝土施工的主控项目应符合下列规定：

1 浇筑时模板、钢筋的检验应满足《混凝土结构工程施工质量验收规范》GB 50204的要求。

2 自密实混凝土拌和物性能应符合设计表5.7.6的规定。

检验数量：每班次或每拌制100 m^3混凝土至少取样检测一次；

检验方法：实验检测。

表 5.7.6　自密实混凝土拌和物性能

项　目	技术要求
坍落扩展度/mm	≤680
扩展时间 T_{500}/s	3 ~ 7
J 环障碍高差/mm	< 18
L 型仪充填比	≥0.9
泌水率	0
含气量/%	3.0 ~ 6.0
竖向膨胀率/%	0 ~ 1.0

3　自密实混凝土的入模温度应控制在 5 °C ~ 30 °C。

检验数量：每工作班至少测温 3 次并填写测温记录；

检验方法：温度测试。

4　自密实混凝土抗压强度应符合本规程表 3.3.9-1 的规定。

检验数量：每班次或每拌制 100 m^3 混凝土至少取样一次制作试件检测抗压强度；

检验方法：施工单位试验检测。

5　自密实混凝土弹性模量应符合本规程表 3.3.9-1 的规定。

检验数量：每拌制 1 000 m^3 测试一次；

检验方法：施工单位试验检测。

5. 7. 7　自密实混凝土一般项目应符合下列规定：

1　自密实混凝土外露面不应有蜂窝、麻面、裂纹等观感缺陷。

检验数量：全部检查；

检验方法：观察检查。

2　自密实混凝土厚度尺寸偏差应满足 0 mm ~ +10 mm 的要求。

检验数量：全部检查；

检验方法：尺量。

3　自密实混凝土灌注完成后，轨道板位置允许偏差应符合本规程第 4.5.3 条的规定。

检验数量：全部检查；

检验方法：观察检查。

5.7.8　水泥乳化沥青砂浆、聚合物水泥砂浆灌注时的主控项目应符合下列规定：

1　灌注前应检查水泥乳化沥青砂浆、聚合物水泥砂浆的施工工艺性能，其检测结果应符合表 5.7.8-1 和表 5.7.8-2 的规定。

表 5.7.8-1　水泥乳化沥青砂浆技术性能指标

项　目	要　求
拌和物温度/°C	5 ~ 35
出机扩展度/mm	≥280
流动度/s	80 ~ 120
含气量/%	≤10
单位容积质量/（kg/m^3）	≥1 800

表 5.7.8-2　聚合物水泥砂浆技术性能指标

项　目	要　求
拌和物温度/°C	5 ~ 35
出机扩展度/mm	≥250
30 min 扩展度/mm	≥220
初凝时间/min	≥80
终凝时间/h	≤10.0
含气量/%	4.0 ~ 6.0
泌水率/%	≤0.5

检验数量：首次灌注检测一次；

检验方法：施工单位实验检验。

2 施工时应制作试件检测水泥乳化沥青砂浆、聚合物水泥砂浆的抗压强度、抗折强度、弹性模量，其检测结果应符合本规程表 3.3.9-2 和表 3.3.9-3 的规定。

检验数量：施工单位每连续工班检验一次；

检验方法：施工单位实验检验。

5.7.9 水泥乳化沥青砂浆、聚合物水泥砂浆灌注的一般项目应符合下列要求：

1 砂浆灌注袋铺设应平整、无褶皱。

检验数量：全部检查；

检验方法：观察检查。

2 水泥乳化沥青砂浆、聚合物水泥砂浆应与轨道板、混凝土底座黏结密贴。

检验数量：全部检查；

检验方法：观察检查。

5.7.10 凸台树脂灌注的主控项目应符合下列规定：

1 凸台树脂的质量证明文件符合本规程表 3.3.6 的要求。

检验数量：全部检查；

检验方法：观察检查。

2 凸台树脂施工前应检测硬度、弹性系数、剪切强度、黏结强度，其检测结果应符合本规程表 3.3.5 的要求。

检验数量：每批次检查一次；

检验方法：检测报告。

5.7.11 凸台树脂灌注的一般项目：树脂填充层顶面应低于轨道板顶面 5 mm ~ 10 mm。

检验数量：每凸台；

检验方法：尺量。

5.7.12 减振垫的主控项目：减振垫的类型、规格、质量应符合设计要求。

检验数量：按双线 5 km 抽检一次；

检验方法：检查产品质量证明文件。

5.7.13 减振垫的一般项目：减振垫铺设平整，黏结牢固，接缝处及周边无翘曲、无空鼓。

检验数量：全部检查；

检验方法：目测。

5.8 现浇道床

5.8.1 现浇道床模板、钢筋、混凝土的检验应满足《混凝土结构工程施工质量验收规范》GB 50204 的要求。

5.8.2 预制承轨槽安装的主控项目应符合下列要求：

1 预制承轨槽的类型、规格应符合设计要求及相关标准的规定，进场应提供合格证和质量证明文件。

检验数量：全部检查；

检验方法：检查产品质量证明文件，观察、尺量。

2 预制承轨槽应按设计图纸要求进行铺设。

检验数量：全部检查；

检验方法：对照图纸检查。

3 预制承轨槽应检查精调装置的受力状态及紧固程度，确保混凝土施工过程中不出现上浮和偏移。

检验数量：全部检查；

检验方法：测量。

4 预制承轨槽铺设精调定位允许偏差应符合本规程第 4.7.2 条的规定。

检验数量：全部检查；

检验方法：测量。

5.8.3 预制承轨槽安装的一般项目应符合下列规定：

1 混凝土结构表面应密实平整、颜色均匀，不得有露筋、蜂窝、孔洞、疏松、麻面和缺棱掉角等缺陷。

检验数量：全部检查；

检验方法：观察检查。

2 现浇道床外形尺寸允许偏差应符合表 5.8.3 的规定。

检验数量：每 5 m 检查一处；

检验方法：测量。

表 5.8.3 现浇道床外形尺寸允许偏差

项 目	允许偏差
顶面高程/mm	－10，0
宽度/mm	± 10
中线位置/mm	3
厚度/mm	± 20

5.9 无缝线路

5.9.1 钢轨铺设的主控项目：钢轨的类型、规格应符合设计要求及相关标准的规定。

检验数量：全部检查；

检验方法：检查产品质量证明文件，观察、尺量。

5.9.2 钢轨铺设的一般项目：钢轨编号及标记应正确齐全、字体端正、字迹清晰。

检验数量：全部检查；

检验方法：观察检查。

5.9.3 钢轨焊接的主控项目应符合下列规定：

1 钢轨焊接接头的型式检验应符合《钢轨焊接》TB/T 1632的相关规定。

检验数量：按上述标准规定的数量检测；

检验方法：施工单位按上述标准规定的进行检测；监理单位检查施工单位型式检测报告，并进行见证取样检验。

2 钢轨接头应按照《钢轨焊接》TB/T 1632的相关规定，进行超声波探伤检查。

检验数量：全部检查；

检验方法：超声波探伤仪。

3 钢轨焊接头工作面经外形精整后，在焊缝中心两侧各500 mm范围内，表面不平度不应超过0.2 mm；焊接接头及其附近钢轨表面不应有裂纹、明显压痕、划伤、碰伤、打磨灼烧等伤损。

检验数量：全部检查；

检验方法：观测、施工单位用1 m长度的直尺检查。

4 平直度应在钢轨焊接接头温度低于50 °C时进行测量；测量长度应为 1 m，且焊缝居中。具体要求为垂直方向：0 mm ~ 0.3 mm，水平方向： – 0.5 mm ~ 0.5 mm。

检验数量：全部检查；

检验方法：施工单位用 1 m 直尺或专用平直度检查仪检查；监理单位检查，施工单位检验记录。

5.9.4 钢轨焊接的一般项目：钢轨焊接接头编号应标记齐全，字迹清楚，记录完整。

检验数量：全部检查；

检验方法：观察检查。

5.9.5 钢轨组装入槽的主控项目应符合下列规定：

1 降噪块/PP-R 管、弹性垫板、调轨组件的类型、规格应符合设计要求及相关标准的规定，进场应提供质量证明文件。

检验数量：全部检查；

检验方法：检查产品质量证明文件。

2 降噪块、弹性垫板、调轨组件的拉伸强度、拉断伸长率应符合表 5.9.5 的要求。降噪块制成 6 mm 标准样件，参照 GB/T 528 的要求进行测试；调轨组件按 GB/T 1040.2 的要求制备试样并测试，弹性垫板成品取样检测，按照 GB/T 10654 进行检验；PP-R 管按照 GB/T 18742.2 的要求进行检验。

表 5.9.5 降噪块、弹性垫板、调轨组件的性能指标

名　称	拉伸强度/MPa	拉断伸长率/%	检测标准
降噪块①	≥2.5	≥90	GB/T 528—2009
弹性垫板②	≥1.5	≥150	GB/T 10654—2001
调轨组件③	≥55	≥2（断裂拉伸应变）	GB/T 1040.2—2006

注：① 降噪块制成 6 mm 标准样件，参照 GB/T 528 的要求进行测试；

② 弹性垫板成品取样测试；

③ 调轨组件采用同批次材料制成标准样件测试。

检验数量：每单线 2 km 抽检 1 组；

检验方法：检查检测报告。

5.9.6 钢轨组装入槽的一般项目应符合下列规定：

1 钢轨表面及承轨槽内清洁、干燥、无杂物。

检验数量：每 1 km 抽检 100 m；

检验方法：观察检查。

2 楔形块安装到位，与保持架配合紧密。

检验数量：全部检查；

检验方法：观察检查。

3 保持架间距允许偏差不大于 20 mm，同一钢轨两侧错位偏差应满足 ± 10 mm。

检验数量：每 200 m 抽检 5 处；

检验方法：观察检查、测量。

4 弹性垫板中心线允许偏差不大于 5 mm，两张弹性垫板接头之间缝隙不大于 2 mm。

检验数量：每 200 m 抽检 5 处；

检验方法：观察检查、测量。

5 降噪块黏结紧密，端头密封严密，无缝隙。

检验数量：每 200 m 抽检 5 处；

检验方法：观察检查。

5.9.7 钢轨精调的主控项目：轨道静态铺设精度符合本规程 3.1.3 和 3.1.4 的要求。

检验数量：全部检查；

检验方法：采用全站仪及轨道几何状态测量仪检测。

5.9.8 钢轨精调的一般项目：轨面应远视平顺，轨向应直线顺直、曲线圆顺。

检验数量：每 1 km 抽检 100 m；

检验方法：观察检查。

5.9.9 工装临时锁固钢轨的主控项目：单元轨预锁定前，应测定轨温在锁轨温度范围内。

检验数量：全部检查；

检验方法：温度计。

5.9.10 工装临时锁固钢轨的一般项目：高分子阻尼材料表面硬度达到 45 度，方可拆除锁定工装。

检验数量：每 200 m 抽检 5 处；

检验方法：邵尔 A 硬度计。

5.9.11 高分子阻尼材料浇注及无缝线路锁定主控项目应符合下列规定：

1 高分子阻尼材料应符合设计要求及相关标准的规定，进场应提供质量证明文件。

检验数量：全部检查；

检验方法：检查产品质量证明文件。

2 高分子阻尼材料的性能指标应符合表 5.9.11-1 和表 5.9.11-2 的规定。

表 5.9.11-1 有轨电车高分子阻尼材料的性能指标

项目	要求	检测方法
硬度(固化 24 h)(IRHD)	≥45	GB/T 6031—1998
硬度（IRHD）	65 ± 5	
拉伸强度/MPa	≥3	GB/T 528—2009
拉断伸长率/%	≥100	GB/T 528—2009
黏结强度/MPa	≥2	GB/T 13477.8—2002

表 5.9.11-2　地铁高分子阻尼材料的性能指标

项　目	要　求	检测方法
硬度（固化 24 h）（IRHD）	≥45	GB/T 6031—1998
硬度（IRHD）	65 ± 5	
拉伸强度/MPa	≥6	GB/T 528—2009
拉断伸长率/%	≥80	GB/T 528—2009
黏结强度（与混凝土）/MPa	≥2	GB/T 16777—2008

检验数量：同生产厂家、同批号、同品种且连续进场的材料每单线 2 km（60 t）为一批；施工单位每批抽检一次；

检验方法：试验检测。

3　施工前，应进行高分子阻尼材料浇注密实度的检验。试验方法应符合本规程附录 H 的规定。

检验数量：单线 2 km（60 t）为一批；每批抽检一次；

检验方法：观察检查。

4　高分子阻尼材料浇注前，应检查承轨槽内是否干净、干燥、无杂物。

检验数量：全部检查；

检验方法：观察检查。

5　高分子阻尼材料表面应平整，无开裂、脱粘、发泡等现象。

检验数量：全部检查；

检验方法：观察检查。

6　无缝线路锁定应符合《高速铁路轨道工程施工质量验收标准》TB 10754 第 16.5.3 条的规定。

检验数量：全部检查；

检验方法：观察检查。

5.9.12 高分子阻尼材料浇注及无缝线路锁定的一般项目：钢轨表面应防护处理，防止钢轨轨顶受高分子材料作业污染。

检验数量：全部检查；

检验方法：观察检查。

6 养护维修

6.1 一般规定

6.1.1 线路运营或养护维修单位应配备专业人员及设备对嵌入式轨道进行有效检测和维修，确保嵌入式轨道处于安全可靠的运行状态。

6.1.2 线路运营或养护维修单位应为嵌入式轨道养护维修配备满足基本检测及维修所需的专用和测试仪器。

6.1.3 线路运营或养护维修单位应按年度、季度、月度制订维修计划，并形成相应的巡检及维修记录。

6.1.4 在进行线路设备维修的过程中应严格控制维修成本与维修质量，减少浪费，合理安排人力和物料消耗。

6.1.5 线路维修作业应以定期检查维修为主，以保证线路设备设施的安全、可靠。

6.2 养护维修技术要求

6.2.1 嵌入式轨道养护维修应符合运营管理部门的相关规定，日常巡检中应增加对高分子阻尼材料的巡检，并应符合下列规定：

1 高分子阻尼材料表面应保持清洁，不得有尖锐物滞留；

2 高分子阻尼材料应与钢轨和承轨槽内侧保持紧密黏结，不得有黏结失效的部位；

3 高分子阻尼材料表面不得有开裂、推挤、破损等；

4 高分子阻尼材料不得与高于 80 °C 的热源长期接触。

6.2.2 高分子阻尼材料出现局部损伤需要维修时，维修用高分子阻尼材料的物理机械性能不得低于原高分子材料的性能。高分子阻尼材料的维修工艺性能要求应符合表 6.2.2 的规定。

表 6.2.2 高分子阻尼材料的维修工艺性能要求

项 目	要 求	检测方法
黏度（混合 30 min 后）/Pa · s	≤5 000	GB/T 2794
硬度（固化 4 h）	≥45	GB/T 6031

6.3 养护维修方法

6.3.1 轨道几何形位调整主要针对轮轨磨耗造成的轨距变化或剥落进行调整，可采用补焊的方式进行。补焊的钢轨应符合下列规定：

1 钢轨拉伸强度不大于 980 N/mm^2 时，完全满足钢轨补焊要求，材料操作安全；

2 特殊材料钢轨（锰钢）只有匹配的焊料才能完成焊接；焊接操作部位需要进行冷却；

3 补焊次数达到 10 次 ~ 12 次后，影响列车运行安全时需更换钢轨。

6.3.2 路基沉降造成的轨道几何位置变化可采用下列 3 种方式进行调整：

1 注胶抬升；注胶抬升无砟轨道路基下沉的主要原理是用专用高压设备，在无砟轨道底座下注入双组分高强度发泡树脂材料，材料快速反应固化后，使轨道抬升到设计高度；

2 灌注砂浆；采用专用工装顶升轨道板，轨道板下灌注砂浆，使轨道抬升到设计高度；

3 嵌入式轨道板下安装调高垫板或增设砂浆调整层。

6.3.3 断轨时宜在相邻板缝处截断钢轨，插入短轨在板缝处进行焊连。

6.3.4 胀轨时采用干冰降温待钢轨恢复正常后，用专用胶黏剂修复高分子阻尼材料的脱黏部分。

6.3.5 高分子阻尼材料损坏主要为黏结面脱黏。修复应在干燥环境下，清除脱黏界面的杂物、水汽，涂刷胶黏剂，注入维修专用速干型高分子阻尼材料，自然熟化成型。

6.3.6 当钢轨磨耗达到限值后，大规模更换钢轨时，应对线路进行停运处理。换轨时宜每 30 m ~ 40 m 或两个横截沟之间距离为一个单元，在横截沟位置处/相应板缝处锯断钢轨，去除钢轨约束，取出弹性约束结构，铺设新轨浇注高分子阻尼材料，换轨施工应按图 6.3.6 的流程进行。

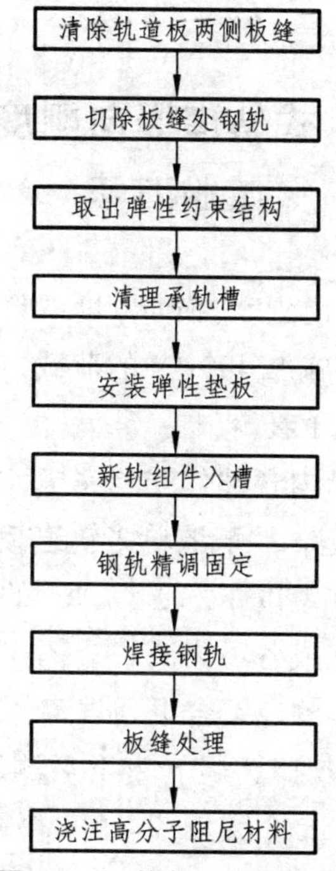

图 6.3.6　换轨工艺流程图

附录 A　嵌入式轨道竖向刚度、横向刚度试验方法

A. 0. 1　嵌入式轨道竖向刚度、横向刚度试验应包括下列试验设备:

1　力加载器：能施加 400 kN 的荷载，精度达到 1 级；

2　千分表：精度 1 级。

A. 0. 2　轨道板承轨槽内各部件安装完毕，且长度不小于列车荷载影响区的嵌入式轨道，一般取单张轨道板长度。

A. 0. 3　试验前试件在温度（23 ± 5）°C 的标准条件下至少放置 24 h，并在此条件下完成各项测试。

A. 0. 4　试验方法及步骤应符合下列规定:

1　试件经（23 ± 5）°C 调节 24 h 后测试；

2　将试件放置在试验台上；

3　如图 A.0.4-1 和图 A.0.4-2 所示将试验装置安放在试验台上，在横向和竖向各设置 4 台千分表，位移测试点在离加载点（50 ± 10）mm 的钢轨上，应尽可能接近加载点；

4　加载到预压静载，卸载，停留 10 min 后正式进行测试；

5　正式试验开始前将千分表调零，以 2 kN/s ~ 3 kN/s 的加载速度加载到 F_1，停留 1 min，记录竖向位移 D_{1i} 和横向位移 d_{1i}，再以 2 kN/s ~ 3 kN/s 的加载速度加载到 F_2，停留 1 min，记录竖向位移 D_{2i} 和横向位移 d_{2i}；如此反复试验 3 次，每次试验时间间隔 10 min，分别计算 3 次 D_{1i} 、D_{2i} 和 d_{1i} 、d_{2i} 的平均值，记为初始竖向变形 D_1、最大竖向变形 D_2 和初始横向变形 d_1、最大横向变形 d_2。

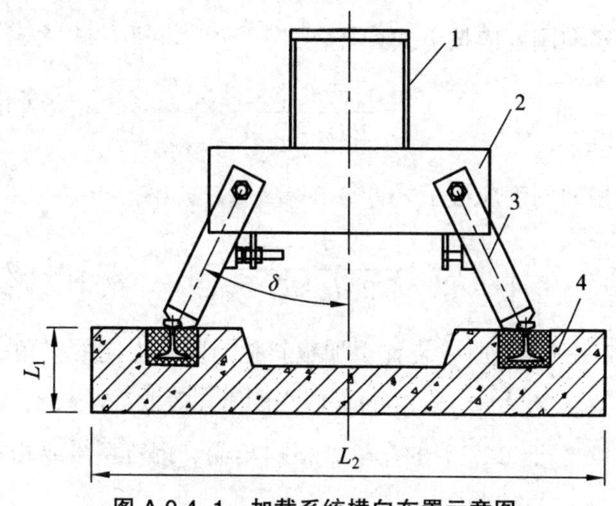

图 A.0.4–1 加载系统横向布置示意图

1—垫高梁；2—加载横梁；3—加载斜腿；4—嵌入式轨道

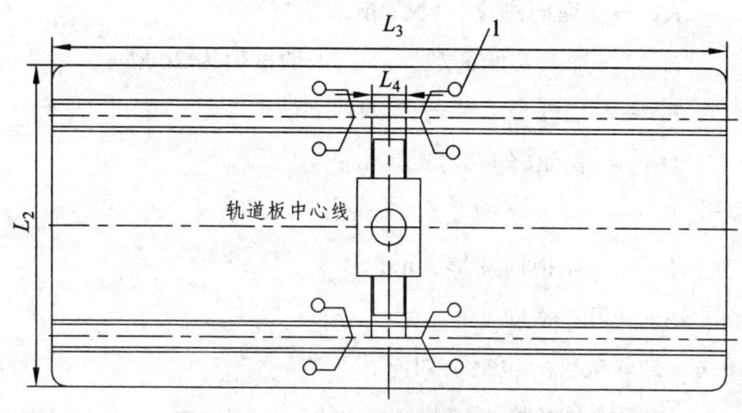

图 A.0.4–2 加载系统平面布置示意图

1—位移测试点

A. 0. 5 嵌入式轨道应按下列计算方法进行计算：

1 竖向刚度应按下式计算：

$$K_V = \frac{F_2 - F_1}{2(D_2 - D_1)} \qquad (\text{A.0.5-1})$$

2 横向刚度应按下式计算：

$$K_A = \frac{(F_2 - F_1)\ \tan\delta}{2(d_2 - d_1)} \qquad (\text{A.0.5-2})$$

式中：δ——试验加载装置中加载斜腿与竖直方向的夹角，轴重不大于 12.5 t 的车辆，该值一般取 26° ± 3°，轴重大于 12.5 t 的车辆，根据车辆、钢轨型号或相关设计规范确定；

K_V ——竖向刚度，kN/mm；

K_A ——横向刚度，kN/mm；

F_1 ——加载初始荷载，kN，一般取值为 20 kN；

F_2 ——加载最大荷载，kN，一般取 2 倍轴重；

D_1 ——初始竖向变形，mm；

D_2 ——最大竖向变形，mm；

d_1——初始横向变形，mm；

d_2——最大横向变形，mm。

A. 0. 6 试验报告应包括下列内容：

1 试验项目名称；

2 试样来源、规格及制备方法；

3 试验编号、尺寸、外观质量及数量；

4 试验温度、湿度；

5 试验设备及仪器；

6 试验结果；

7 试验人员、日期及其他。

附录B　嵌入式轨道纵向刚度试验方法

B. 0. 1　拖动装置：能够施加至少 60 kN 的张力；千分表：精度 1 级；力测量仪：精度 1 级。

B. 0. 2　试样采用预制承轨槽。承轨槽长度为 600 mm，钢轨长度为 800 mm。

B. 0. 3　试验温度：（23 ± 5）°C。

B. 0. 4　试验方法及步骤应符合下列规定：

1　试件经（23 ± 5）°C 调节 24 h 后测试；

2　将试件固定在试验台上；

3　在钢轨一端的纵向轴线上加载，分别记录钢轨负荷和钢轨的位移；

4　当高分子阻尼材料出现开裂、破坏等现象或负荷大于 50 kN 时，迅速减少负荷至零，并持续测量钢轨位移 2 min，重复 3 次，每次循环应在无负荷情况下间隔 3 min；若材料出现开裂，记录下开裂时的纵向拉伸负荷。

B. 0. 5　试验结果应符合下列规定：

1　目测试件外观状况，高分子阻尼材料是否有开裂、黏结失效的情况；

2　纵向刚度曲线的绘制：以纵向位移为横坐标，纵向拉伸载荷为纵坐标，绘制纵向刚度曲线，如图 B.0.5 所示；

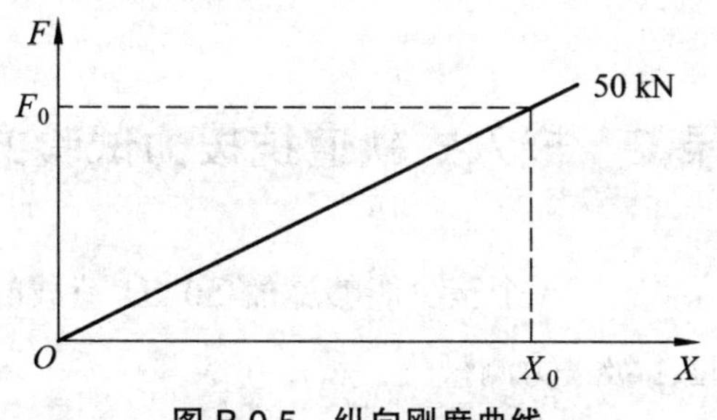

图 B.0.5　纵向刚度曲线

3　纵向刚度应按下式计算：

$$K_L = \frac{F_0}{X_0 L} \tag{B.0.5}$$

式中：K_L——纵向刚度，(kN/mm)/m；

F_0——钢轨的纵向额定荷载，kN；

X_0——钢轨的纵向位移，mm；

L——试样的长度，m。

纵向刚度取 3 次循环测试的平均值。

B. 0. 6　试验报告应包括下列内容：

1　试验项目名称；

2　试样来源、规格及制备方法；

3　试验编号、尺寸、外观质量及数量；

4　试验温度、湿度；

5　试验设备及仪器；

6　试验结果。

附录C　嵌入式轨道抗拔力试验方法

C. 0. 1　加力装置：一个至少能够施加 50 kN 荷载的加力装置；千分表：精度 1 级；力测量仪：精度 1 级。

C. 0. 2　试件采用预制承轨槽，承轨槽长度为 600 mm，钢轨长度为 800 mm。

C. 0. 3　试验方法及步骤应符合下列规定：

1　将试件两端裸露钢轨放置在实验台钢轨支撑块上，加载横梁安装在承轨槽两侧混凝土表面，加力装置加载到加载横梁上，如图 C.0.3 所示；

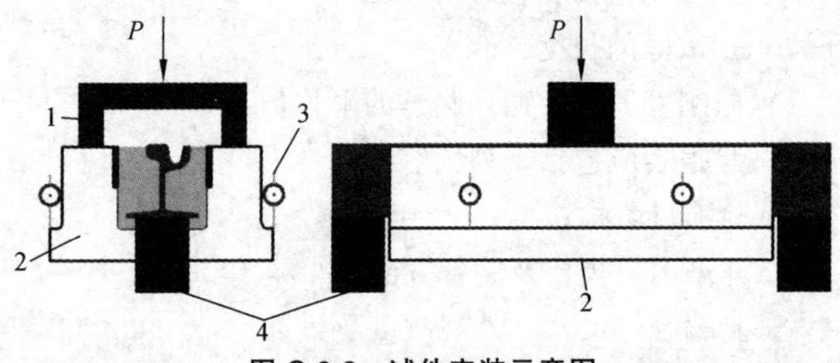

图 C.0.3　试件安装示意图

1—加载横梁；2—测试样件；3—千分表；4—钢轨支撑块

2　对试件施加一个垂直向下的渐增荷载，速度约为 10 kN/min，同时使用 4 台千分表记录承轨槽相对于钢轨的垂直位移，每隔 10 kN 读数一次，读数前应静载保持 1 min，直到钢轨平均位移达到 1 mm，记录此时的载荷值 P_1；

3 卸载载荷到 0 kN，重复 3 次，记录位移-力曲线；

4 继续加载荷载达到 36 kN，保持 3 min，观察高分子材料有无开裂、脱黏现象。

C. 0. 4 抗拔力应按下式计算：

$$P = \frac{P_1}{L} \tag{C.0.4}$$

式中：P——抗拔力，kN；

P_1——位移为 1 mm 时的荷载，kN，

L——试样的长度，m。

抗拔力取 3 次循环测试的平均值。

C. 0 .5 试验报告应包括下列内容：

1 试验项目名称；

2 试样来源、规格及制备方法、试验温度、湿度、试验设备及仪器；

3 试验编号、尺寸、外观质量及数量；

4 试验结果。

附录 D　嵌入式轨道疲劳性能试验方法

D. 0. 1　嵌入式轨道疲劳性能试验应包含下列试验设备：

1　MTS 液压伺服加载作动器：能在（4 ± 1）Hz 频率下，施加 200 kN ~ 500 kN 的荷载，精度 1 级；

2　千分表：精度 1 级。

D. 0. 2　轨道板承轨槽内各部件安装完毕，且长度不小于列车荷载影响区的嵌入式轨道，一般取单张轨道板长度。

D. 0. 3　试样试验前应在温度（23 ± 5）°C 的条件下至少放置 24 h，并在此条件下完成各项测试。

D. 0. 4　试验方法及步骤应符合下列规定：

1　试件经（23 ± 5）°C 调节 24 h 后测试；

2　将试件放置在试验台上；

3　按照本规程附录 A 的要求，将试验装置安放在试验机上，测试疲劳前的横向刚度和竖向刚度；

4　疲劳试验施加的最小荷载为 $0.14P_j$（P_j 为车辆静轮载），最大荷载为竖向疲劳检算荷载；加载频率为（4 ± 1）Hz；若设计文件或相关规范有明确要求时，按设计文件/规范要求进行；

5　完成 1 000 次荷载循环后，卸载，测量轨距，记为初始轨距 G_1；经 300 万次荷载循环后，卸载，在自由状态下停放 24 h 后，再次测量轨距，记为疲劳后轨距 G_2，检查高分子阻尼材料和轨道板的外观；

6 300万次疲劳试验后，在自由状态下停放24 h后按附录A的方法测试竖向刚度、横向刚度，并计算其变化率。

D. 0. 5 试验结果应包含下列内容：

1 轨距变化应按下式进行计算：

$$\Delta G = G_2 - G_1 \tag{D.0.5-1}$$

式中：ΔG——轨距变化量，mm；

G_1——初始轨距，mm；

G_2——疲劳后轨距，mm。

2 刚度变化率应按下式进行计算：

$$\varepsilon_V = \frac{K_{V2} - K_{V1}}{K_{V1}} \times 100\% \tag{D.0.5-2}$$

$$\varepsilon_A = \frac{K_{A2} - K_{A1}}{K_{A1}} \times 100\% \tag{D.0.5-3}$$

式中：ε_V——竖向刚度变化率，%；

ε_A——横向刚度变化率，%；

K_{V1}——疲劳前竖向刚度，kN/mm；

K_{V2}——疲劳后竖向刚度，kN/mm；

K_{A1}——疲劳前横向刚度，kN/mm；

K_{A2}——疲劳后横向刚度，kN/mm。

D. 0. 6 试验报告应包括下列内容：

1 试验项目名称；

2 试样来源、规格及制备方法；

3 试验编号、尺寸、外观质量及数量；

4 试验温度、湿度；

5 试验设备及仪器；

6 试验结果；

7 试验人员、日期及其他。

附录 E　高分子阻尼材料试样制备方法

E. 0. 1　本附录规定了高分子阻尼材料部分性能测试方法及相关样件的制样方法。

E. 0. 2　试验条件应符合下列规定：

1　试验温度：（23 ± 2）°C；

2　相对湿度：（50 ± 10）%；

3　试样试验前应在温度（23 ± 2）°C、相对湿度（50 ± 10）%的标准条件下至少放置 24 h。

E. 0. 3　高分子阻尼材料的物理机械性能测试样件采用不含掺和料的纯料制备。制样时，先将 B 组分摇匀，再将不含掺和料的 A/B 组分按比例称量、搅拌混合均匀后，注入模具中。试样完全固化后进行测试，即室温固化 7 天以上或加速固化后测试。

E. 0. 4　固化 24 h 硬度的测试方法：将 A 组分和 B 组分按比例混合，充分搅拌 1 min 后倒入 100 mm × 100 mm × 25 mm 的模具中，开始记录试样硬度达到 45 度的时间。

附录F 弹性垫板刚度及耐寒性能测试方法

F.0.1 试验设备与样件应符合下列规定：

1 试验机为能在（4±1）Hz频率下，施加50 kN或100 kN的试验机，其精度为500N，示值允许偏差不大于1%；

2 加载钢板和支承钢板：采用长度 450 mm、宽度 250 mm和厚度不小于15 mm的平钢板；

3 位移测试仪：能测定被测弹性垫板表面垂向位移、测量精度±0.01 mm的百分表或其他位移计；

4 样件尺寸：静刚度测试时采用400 mm×200 mm×12 mm的样件；耐寒性试验也可采用285 mm×200 mm×12 mm的样件。

F.0.2 静刚度应符合下列规定：

1 试验环境温度为（23±2）°C；

2 开始试验前，试验用所有部件和设备在（23±2）°C的环境中至少静置24 h；

3 把试验装置安放在试验机上，安放顺序为：支承钢板、被测弹性垫板、加载钢板；

4 正式试验开始时，将两位移测试仪调零，然后以0.5 kN/s的速度均匀加载，当荷载加至F_1和F_2时各停留1 min，并分别记录加载钢板的位移D_{1i}、D_{2i}；如此反复试验4次，计算后3次D_{1i}、D_{2i}的平均值，记为D_1、D_2；用下述公式计算静刚度：

$$K_{STA}=\frac{F_2-F_1}{D_2-D_1} \tag{F.0.2}$$

式中：F_1——向被测弹性垫板施加的最小荷载，2 kN；

F_2——向被测弹性垫板施加的最大荷载，30 kN；

D_1——被测弹性垫板在加载至 F_1 时的位移，mm；

D_2——被测弹性垫板在加载至 F_2 时的位移，mm；

K_{STA}——静刚度，kN/mm。

F. 0. 3 动刚度应符合下列规定：

正式试验开始时，将两位移测试仪调零，施加周期荷载 2 kN ~ 30 kN。加载频率为（4 ± 1）Hz，荷载循环 1 000 次。在最后 100 次荷载循环时，记录 10 个循环的实际施加荷载 F_{1ai}、F_{2ai} 和位移 D_{1i}、D_{2i}（采用两个位移测试仪测量时，均为两个位移测试仪的平均值）。计算 F_{1ai}、F_{2ai}、D_{1i}、D_{2i} 的平均值，分别记为 F_{1a}、F_{2a}、D_1、D_2。

动刚度应按下列计算方法进行计算：

$$K_{DYN}=\frac{F_{2a}-F_{1a}}{D_2-D_1} \tag{F.0.3-1}$$

式中：F_{1a}——向被测弹性垫板施加的最小荷载，kN；

F_{2a}——向被测弹性垫板施加的最大荷载，kN；

D_1——被测弹性垫板在加载至 F_1 时的位移，mm；

D_2——被测弹性垫板在加载至 F_2 时的位移，mm；

K_{DYN}——动刚度，kN/mm。

动静比应按下列计算公式进行计算：

$$\kappa=\frac{K_{DYN}}{K_{STA}} \tag{F.0.3-2}$$

F. 0. 4 耐寒性能应符合下列规定：

先将弹性垫板和试验工装在 – 40 °C 的环境下静放 24 h 后，在低温箱（ – 40 ± 2）°C 进行静刚度试验，静刚度记为 K_{STA1}。

耐寒性能应按下列计算公式进行计算：

$$\mu=\frac{K_{\mathrm{STA1}}-K_{\mathrm{STA}}}{K_{\mathrm{STA}}}\times100\% \tag{F.0.4}$$

F. 0. 5 试验报告应包括下列内容：

1 试验项目名称；

2 试样来源、规格及制备方法；

3 试验编号、温度、湿度；

4 试验设备及仪器；

5 试验结果；

6 试验人员、日期及其他。

附录 G 弹性垫板疲劳性能测试方法

G. 0. 1 设备与样件应符合下列规定：

1 试验机应采用 50 kN 或 100 kN 疲劳试验机，其精度为 500 N，示值允许偏差不大于 1%；

2 加载钢板和支承钢板的测试应采用长度 450 mm、宽度 250 mm 和厚度不小于 15 mm 的平钢板；

3 位移测试仪应能测定被测弹性垫板表面垂向位移、测量精度 ± 0.01 mm 的百分表或其他位移计；

4 样件尺寸：400 mm × 200 mm × 12 mm 的弹性垫板。

G. 0. 2 试验步骤应符合下列规定：

1 试验环境温度为（23 ± 2）°C；

2 开始试验前，试验用所有部件和设备在（23 ± 2）°C 的环境中至少静置 24 h；

3 把试验装置安放在试验机上，安放顺序为：支承钢板、被测弹性垫板、加载钢板；

4 试验前用游标卡尺测试弹性垫板初始厚度，每块垫板至少测 6 个点（分别在两端头和中间各两个点），并做好标记，取平均值作为弹性垫板疲劳前的初始厚度，记为 H_0；按照本规程附录 F 的要求测试疲劳前静刚度，记为 K_{S0}；

5 正式试验开始时，施加荷载范围为 2 kN ~ 25 kN，加载频率为（4 ± 1）Hz，循环次数为 300 万次；

6 300 万次荷载循环完成后，将弹性垫板取出。在（23 ± 2）°C 的环境中静置 24 h，然后在疲劳前原厚度测量位置测量弹性垫板的厚度，记为疲劳后弹性垫板厚度 H_1。疲劳后永久变形 δ 应按下列公式进行计算：

$$\delta = H_0 - H_1 \tag{G.0.2-1}$$

式中：δ——疲劳后永久变形，mm；

H_0——弹性垫板疲劳前的初始厚度，mm；

H_1——弹性垫板疲劳后的初始厚度，mm。

按照本规程附录 F 的测试方法测试疲劳后的静刚度，记为 K_{S1}。疲劳后弹性垫板静刚度的变化率应按下列公式进行计算：

$$\varepsilon = \frac{K_{S1} - K_{S0}}{K_{S0}} \times 100\% \tag{G.0.2-2}$$

式中：ε——疲劳前后静刚度变化率，%

K_{S0}——弹性垫板疲劳前的静刚度，kN/mm；

K_{S1}——弹性垫板疲劳后的静刚度，kN/mm。

G. 0. 3 试验报告应包括下列内容：

1 试验项目名称；

2 试样来源、规格及制备方法；

3 试验编号、外观质量；

4 试验温度、湿度；

5 试验设备及仪器；

6 试验结果；

7 试验人员、日期及其他。

附录H 高分子阻尼材料浇注密实度检验方法

H.0.1 试样要求应符合下列规定：

1 采用长度为600 mm的预制承轨槽；

2 钢轨长度宜为800 mm，在轨腰两侧黏结降噪块；

3 承轨槽底铺设弹性垫板和调高垫板，调高垫板厚度为8 mm；

4 在各承轨槽内部与高分子阻尼材料的所有接触界面涂刷脱模剂，保证高分子阻尼材料和承轨槽各界面不黏结，浇注完的高分子阻尼材料能顺利从承轨槽中拔出；

5 样件数量：1件。

H.0.2 现场按比例抽取高分子阻尼材料各组分共10 kg，称量，搅拌均匀。

H.0.3 试验方法及步骤应符合下列规定：

1 钢轨表面除锈应符合下列要求：

1）在钢轨打磨前先检查是否有油污，若有，则用清洗剂清洗干净；

2）采用便携式钢轨除锈机对钢轨与高分子材料接触面进行打磨，注意将钢轨轨腰圆弧、倒角等部位打磨到位，不留死角，确保轨顶不受损；

3）钢轨打磨完毕后应用专用工具除掉浮灰。

2 降噪块安装应符合下列要求：

1）将胶黏剂均匀涂刷在钢轨、降噪块相互接触面上；

2）将降噪块对称黏结在钢轨轨腰两侧；

3）降噪块和钢轨之间应黏结密贴，无缝隙，并用绑扎带固定；

4）钢轨入槽后拆除绑扎带。

3 在承轨槽内安装弹性垫板和厚度为 8 mm 的支撑块，支撑钢轨。

4 在承轨槽内与高分子阻尼材料接触的各界面均匀涂刷脱模剂，不得出现漏刷现象。

5 钢轨入槽后，用专用装置对端头进行密封，封端装置与高分子阻尼材料接触面应涂刷脱模剂。

6 高分子阻尼材料浇注、固化应符合下列规定：

1）将高分子阻尼材料按配比称量、搅拌均匀后，先从钢轨的一侧开始浇注，待高分子阻尼材料从轨底另一侧流出后，浇注另一侧；

2）浇注完后，样件静置 24 h。

7 拔出槽内高分子材料，检验浇注密实度。

H. 0. 4 观察拔出的高分子阻尼材料界面。每 10 cm^2 因气泡造成的缺胶面积不大于 5 mm^2，缺胶深度不大于 3 mm，则判定高分子阻尼材料浇注密实；否则为浇注不密实。

本规程用词说明

1 为便于在执行本规程条文时区别对待，对要求严格程度不同的用词说明如下：

1）表示很严格，非这样做不可的：
正面词采用“必须”；反面词采用“严禁”；

2）表示严格，在正常情况下均应这样做的：
正面词采用“应”；反面词采用“不应”或“不得”；

3）表示允许稍有选择，在条件许可时首先应这样做的：
正面词采用“宜”；反面词采用“不宜”；

4）表示有选择，在一定条件下可以这样做的：
采用“可”。

2 条文中指明应按其他有关标准执行的写法为：“应符合……的规定”或“应按……执行”。

引用标准名录

1　《地铁设计规范》GB 50157

2　《混凝土结构工程施工质量验收规范》GB 50204

3　《城市轨道交通工程测量规范》GB 50299

4　《硫化橡胶或热塑性橡胶拉伸应力应变性能的测定》GB/T 528

5　《硫化橡胶或热塑性橡胶撕裂强度的测定（裤形、直角形和新月形试样）》GB/T 529

6　《塑料 拉伸性能的测定 第 2 部分：模塑和挤塑塑料的试验条件》GB/T 1040.2

7　《塑料 简支梁冲击性能的测定》GB/T 1043

8　《硫化橡胶低温脆性的测定 单试样法》GB/T 1682

9　《硫化橡胶或热塑性橡胶 耐液体试验方法》GB/T 1690

10　《橡胶物理试验方法试样制备和调节通用程序》GB/T 2941

11　《塑料硬度测定第 1 部分：球压痕法》GB/T 3398.1

12　《硫化橡胶或热塑性橡胶的热空气加速老化和耐热试验》GB/T 3512

13　《硫化橡胶或热塑性橡胶硬度的测定（10 ~ 100 IRHD）》GB/T 6031

14　《硫化橡胶、热塑性橡胶在常温、高温和低温下压缩永久变形的测定》GB/T 7759

15　《硫化橡胶或热塑性橡胶 耐臭氧龟裂静态拉伸试验》

GB/T 7762

16 《高聚物多孔弹性材料 压缩永久变形的测定》 GB/T 10653

17 《高聚物多孔弹性材料 拉伸强度和扯断伸长率的测定》 GB/T 10654

18 《橡胶燃烧性能的测定》GB/T 10707

19 《建筑密封材料试验方法 第 8 部分: 拉伸粘结性的测定》 GB/T 13477.8

20 《硫化橡胶人工气候老化（荧光紫外灯）试验方法》 GB/T 16585

21 《建筑防水涂料试验方法》GB/T 16777

22 《机械振动列车通过时引起铁路隧道内部振动的测量》 GB/T 19846

23 《轨道交通扣件系统弹性垫板》GB/T 21527

24 《高速铁路工程测量规范》TB 10601

25 《钢轨焊接》TB/T 1632

26 《43 kg/m ~ 75 kg/m 钢轨订货技术条件》TB/T 2344

27 《铁路环境振动测量》TB/T 3152

28 《地铁杂散电流腐蚀防护技术规程》CJJ 49

29 《橡胶防霉性能测试方法》HG/T 4301

30 《土木工程用玻璃纤维增强筋》JGT 406

31 《客运专线铁路 CRTSI 型板式无砟轨道水泥乳化沥青砂浆暂行技术条件》TJ/GW 057—2008

32 《客运专线铁路 CRTSI 型板式无砟轨道凸形挡台填充聚氨酯树脂（CPU）暂行技术条件》TJ/GW 059—2008

33 《高速铁路 CRTSⅢ型板式无砟轨道自密实混凝土暂行技

术条件》TJ/GW 112—2013

34《城市轨道用槽型钢轨闪光焊接质量检验标准》CECS 429—2016

35《城市轨道用槽型钢轨铝热焊接质量检验标准》CECS 430—2016

36《客运专线无砟轨道铁路工程施工质量验收暂行标准》铁建设〔2007〕85号

四川省工程建设地方标准

四川省嵌入式连续支承无砟轨道工程技术规程

Technical code for continuously supported embedded rail track system engineering in Sichuan Province

DBJ51/T 072 - 2017

条 文 说 明

编制说明

随着我国国民经济的持续发展，城市交通面临巨大的运输压力。在这一形势下，国内各城市、卫星城市、二三线城市，大力发展地铁、轻轨、有轨电车等不同形式的城市轨道交通，轨道交通建设进入了一个高速发展阶段。随着科学技术的进步，各种先进的轨道交通技术不断成功研发，例如：超大电容、区间供电、磁轨制动、先进信号控制技术、摆式列车、低地板转向架等，这些新技术的应用已成为现代城市交通的新宠。

传统的无砟轨道采用扣件离散支承固定钢轨。扣件安装烦琐、施工工艺复杂，影响周围环境，施工效率较低，且扣件在使用过程中易松动，需经常检查维护。另外，在使用过程中，列车对钢轨的冲击载荷和振动载荷产生很大的噪声，影响周围居民的生产和生活。

通过引进、消化、吸收欧洲技术，研发嵌入式连续支承无砟轨道（简称嵌入式轨道）。嵌入式轨道由钢轨、弹性约束结构、嵌入式轨道板或现浇道床板、调整层、隔离层、混凝土底座等结构组成。嵌入式轨道采用弹性垫板连续支承，通过高分子阻尼材料连续锁固钢轨，替代了传统扣件。

目前，嵌入式轨道尚无国家、行业标准，为此根据《中华人民共和国标准化法》的规定，特制定本规程，指导嵌入式轨道设计、工程施工与验收及维护保养。

本规程主要依据相关国家、行业标准，参照了铁路行业相关产品的技术条件，结合本轨道系统的性能、结构特点和试验线的应用经验等编制而成。

为便于广大设计、施工、科研、学校等单位的有关人员在使用本规程时能正确理解和执行条文规定，《嵌入式连续支承无砟轨道工程技术规程》编制组按章、节、条顺序编制了本规程的条文说明，对条文规定的目的、依据以及执行中需注意的有关事项进行了说明。但是，本条文说明不具备与规程正文同等的法律效力，仅供使用者作为理解和把握标准规定的参考。

目　次

1 总 则

1.0.1 嵌入式轨道采用弹性垫板连续铺设，通过高分子阻尼材料将钢轨包覆在承轨槽中，替代了传统扣件，连续支承固定钢轨（无弹条、螺栓等部件）。在环境振动和噪声问题越来越受到人们重视的今天，嵌入式轨道通过车辆-轨道耦合设计，从系统上改变轨道结构方式，改善轮轨接触关系，旨在解决扣件式轨道结构带来的振动、噪声和波磨等影响环境的问题。本规程通过嵌入式轨道设计、施工与验收及运营养护维修的规定，明确嵌入式轨道系统技术和质量要求，确保行车安全和车辆运行的平稳性。

1.0.2 城市轨道交通标准轨距的范围包括市域铁路、地铁和轻轨等城市快轨线，其列车的运行速度一般在 120 km/h 以下。准高速的嵌入式轨道设计须在本规程基础上计入速度的影响，并进行检算。连续支承结构可有效抑制轮轨异常磨耗，减少波磨、轨道维护工作量和维护费用，从而降低全寿命周期成本。

1.0.5 作为公共交通轨道结构形式之一的嵌入式轨道，沿线可能会经过各种类型的建筑区域，设计时应充分考虑沿线建筑对振动噪声的要求，恰当选择相应减振降噪级别的结构形式；建成后应进行环评测试，充分验证产品与设计要求一致。因环境评价振动超标严重或振动敏感地段的特殊要求，而设置减振型嵌入式轨道的目的是减振降噪，降低轨道沿线的振动噪声以及由此引起的建筑物室内二次辐射噪声。因此，嵌入式轨道竣工验收应检验其设计预期的减振目标是否已经实现；环评要求设置减振措施的目标值是最低的减振要求，在正常运营的养护维修条件下嵌入式轨道应始终满足最低的减振要求。

1.0.7 嵌入式轨道系统及部件检测、施工、验收等各个环节应采用科学的手段进行全面、有效地监控和检测，把控质量，为系统综合性能进一步提升积累经验和实际数据；在检测过程中有现行标准的应严格采用和执行，对无现行标准且属于嵌入式轨道特有的一些检测项目或检测方式，设计检测方案时应充分借鉴高铁、地铁、城际轨道交通等相关标准的经验，多方征求意见，仔细地试验验证，确保检测结果能真实反应轨道系统、部件或线路的实际应用情况。

2 术语和符号

2.1.1 嵌入式轨道相对于传统轨道交通形式，特点在于钢轨嵌入在承轨槽中而非直接暴露于空气中，施工完成后钢轨头部与路面或轨道板面基本齐平，钢轨底部采用弹性垫板连续支承而非离散支承，采用高分子阻尼材料连续锁固钢轨而非扣件式离散固定。

2.1.2 嵌入式轨道板为工厂预制部件，应根据不同线路形式和设计要求设计不同的结构和长度。结构的设计考虑了强度、高度、各接口关系及施工吊装等的便捷性。板上预留的承轨槽深度主要考虑了钢轨型号、槽内结构及板面接口形式等因素。板上两槽中心间距（不考虑槽底设置轨底坡时）按标准轨距 1 435 mm 设置，并预留一定的安装空间。长度的设计考虑了需要适应的曲线半径、单元钢轨焊接接头位置、布板间距及整板运输、吊装的轻便等因素。

2.1.3 承轨槽是在嵌入式轨道板或现浇道床上的一种槽式结构，用于连续承载钢轨，并与槽内弹性约束结构相配合实现钢轨的弹性约束。承轨槽可采用预制钢筋混凝土结构或钢构件，在对轨道电路有要求的线路，不宜采用钢制承轨槽。承轨槽的结构设计应与钢轨类型、车速要求等相关，根据不同的车速可在混凝土承轨槽侧壁设置异型结构，以提高高分子阻尼材料和承轨槽的黏结强度。

2.1.5 钢轨通过承轨槽内高分子材料实现弹性约束。降噪块和保持架粘贴于钢轨轨腰，弹性垫板铺设于承轨槽底，高分子阻尼材料实现连续包裹。

2.1.6 降噪块是安装在轨腰起填充、减振降噪作用的一类产品的统称，可以根据嵌入式轨道板承轨槽内的结构和降噪级别等要求选用不同结构的产品。

2.1.7 调轨组件以一个保持架和一个楔形块为一组，在一根钢轨的一定距离处安装一对；安装时先将两个保持架对称黏结在钢轨两侧，待钢轨入槽后，在保持架与槽壁之间放入楔形块，通过调整两侧与保持架配套的楔形块的不同楔入深度，达到调整钢轨轨距的目的。

2.1.8 弹性垫板是嵌入式轨道的重要组成部件，由微孔发泡或具有压缩变形结构的弹性材料制成，具有良好的动态疲劳性能；通常连续铺设于承轨槽底部，起调节系统竖向刚度和减振的作用。弹性垫板刚度的设计应考虑安全运行、减振性能、经济适用等因素，尺寸设计考虑钢轨型号和承轨槽宽度。

2.1.11 纵向刚度在嵌入式轨道中和传统扣件式轨道中的表现形式有所差别，嵌入式轨道为弹性锁固，在纵向受力时的工作区为弹性变形，且纵向阻力随纵向变形增大而增大；扣件式轨道初期是由于扣压力和静摩擦作用而不会变形，但是一旦发生变形，静摩擦变为动摩擦力，纵向阻力保持为常量或略有减小。因此，在定义嵌入式轨道纵向刚度时不能完全按照扣件式结构，宜采用力与位移来计算，即采用纵向刚度描述。

3 设 计

3.1 一般规定

3.1.1 根据《地铁设计规范》GB 50157 强制性条文第 6.1.3 条“根据环境保护对沿线不同地段的减振、降噪要求，轨道应采用相应的减振轨道结构”以及第 6.5.3 条“线路中心距离医院、学校、音乐厅、精密仪器厂、文物保护和高级宾馆等建筑物小于 20 m 及穿越地段，宜采用特殊减振轨道结构，即在一般减振轨道结构的基础上，采用浮置板整体道床或其他特殊减振轨道结构形式”的规定，应按线路平面位置决定某地段轨道采用特殊减振措施，其采取措施的核心依据是环境振动或噪声评估值超标。

本规程建议：当环境评估预测轨道沿线振动最大 Z 振级超标 10 dB 及以上情况时，宜采取减振降噪轨道结构。本规程推荐采用减振型嵌入式轨道，该轨道结构简单、施工便利，承轨槽内高分子材料可有效降低高频振动，嵌入式轨道板下设置减振垫，降低了低频振动，减振降噪效果显著。另外，车外噪声要求小于 75 dB 的路段也应采取嵌入式轨道结构，嵌入式轨道具有显著减振效果的同时，具有优异的降噪效果，无须附加降噪措施。

线路在运营中对钢轨磨耗小，传递到车辆的振动减少，乘客舒适性提高；后期维护费用少，轨道使用寿命长；可以适应小半径曲线等诸多优点；设计、建设有这些需求时宜采用嵌入式轨道。

3.1.3～3.1.4 嵌入式轨道静态精度为后期运营过程中少维护提供技术保障，参照《高速铁路设计规范》TB 10621 和《地铁设计规范》GB 50157 无砟轨道静态铺设精度要求制定。

曲线段钢轨圆顺度确定依据为：$R>250$ m 的圆顺度偏差，按照 GB 50299 执行；$R \leqslant 250$ m 的曲线圆顺度偏差，参考 GB 50299 同比例设置。

3.1.5 嵌入式轨道运用于桥梁段时，由于桥梁伸缩和挠曲造成轨道结构与桥梁间纵向相互作用，会对轨道和桥梁结构产生附加影响，须进行桥梁-嵌入式轨道结构受力检算，确保桥梁结构安全。在大跨度桥梁上铺设嵌入式轨道无缝线路时，可通过设置滑动层减小梁轨作用力。

3.1.8 嵌入式轨道结构应考虑限界设计，如应用于有轨电车时，嵌入式轨道由于应用区域多在市区，沿线路况较复杂，涉及平交道口及与社会车辆共线使用等多种路况，合理开展限界设计，保证道路资源有效利用和各种车辆通行安全。

3.1.10 嵌入式轨道和其他结构形式的轨道搭配使用，且两种轨道形式之间刚度有较大差别时，应进行过渡段匹配设计，不能有刚度突变，设计上应考虑两种结构的平稳过渡。

3.2 轨道系统设计

3.2.1 建立车辆/嵌入式轨道耦合动力学分析模型，确定嵌入式轨道系统技术指标（表 3.2.1-1）。采用工程类比的方法，建立文克尔弹性地基梁模型，将无砟轨道节点支承刚度换算为连续支承等效刚度，并对比欧洲同类产品设计，验证技术指标的合理性，同时借鉴欧洲相关技术标准制定嵌入式轨道刚度测试方法。竖向刚度和横向刚度的测试方法参照《Railway applications-Track-Test methods for fastening systems Part 9: Determination of stiffness》EN 13146-9；纵向刚度的测试方法参照《Railway applications-Track-Test methods for fastening systems Part 1: Determination of longitudinal rail restraint》EN 13146-1。

表 3.2.1-1 嵌入式轨道相关技术指标

<table>
<tr><th>指 标</th><th>项 目</th><th>理论设计方法</th><th>指标要求</th></tr>
<tr><td rowspan="3">竖向刚度</td><td>钢轨受力</td><td>无缝线路校核，钢轨受力检算</td><td rowspan="3">30 kN/mm ~ 110 kN/mm（系统刚度）</td></tr>
<tr><td>轨道稳定性</td><td>最大温升下竖向变形小于 0.5 mm</td></tr>
<tr><td>车辆/轨道耦合动力学分析</td><td>车辆运行安全稳定、平稳舒适</td></tr>
<tr><td rowspan="3">横向刚度</td><td>轨道稳定性</td><td>最大温升下横向变形小于 2 mm</td><td rowspan="3">≥30 kN/mm（系统刚度）</td></tr>
<tr><td>轨距动态变化</td><td>轮轨接触几何关系</td></tr>
<tr><td>车辆/轨道耦合动力学分析</td><td>车辆运行安全稳定、平稳舒适</td></tr>
<tr><td rowspan="2">纵向刚度</td><td rowspan="2">纵向锁固</td><td>路基段纵向阻力</td><td>≥15 kN（每延米）</td></tr>
<tr><td colspan="2">桥梁段纵向阻力需根据梁轨作用力计算确定</td></tr>
<tr><td>疲劳性能</td><td>系统使用寿命</td><td>300 万次疲劳，（4±1）Hz</td><td>轨距变化≤3 mm，竖向刚度和横向刚度变化率≤20%，系统无开裂、推挤、剥离等现象</td></tr>
<tr><td>绝缘性能</td><td>绝缘防腐要求</td><td>参照既有标准</td><td>高分子阻尼材料电阻≥10^8 Ω；并满足线路电阻值设计要求</td></tr>
</table>

1 竖向刚度

参照《地铁设计规范》GB 50157 无砟道床节点垂向静刚度为 20 kN/mm ~ 40 kN/mm，扣件间距为 0.625 m；参考《铁路轨道强度检算法》TB 2034 中点支承梁模型和连续支承梁模型（图 3.2.1）。

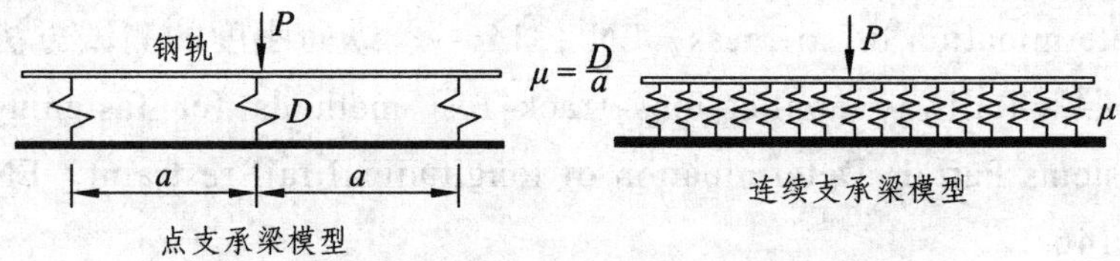

图 3.2.1 轨道结构的两种垂向力学分析模型

D—钢轨支座刚度；μ—钢轨基础弹性模量；a—扣件间距

由上述方法，得到单位长度支承刚度约为

$$k_{\min}=\frac{20\ \text{kN/mm}}{0.625\ \text{m}}=32\ \ (\text{kN/mm})/\text{m}$$

$$k_{\max}=\frac{40\ \text{kN/mm}}{0.625\ \text{m}}=64\ \ (\text{kN/mm})/\text{m}$$

对于连续支承梁模型，采用文克尔弹性地基梁模型假设：

$$y=\frac{Pk}{2\mu}\mathrm{e}^{-kx}(\cos kx+\sin kx) \qquad (3.2.1\text{-}1)$$

$$\frac{\mu}{EI}=4k^4 \qquad (3.2.1\text{-}2)$$

式中：k——钢轨基础与钢轨的刚比系数；

E——钢轨的弹性模量；

I——钢轨截面对水平中性轴的惯性矩；

μ——钢轨基础弹性模量。

当 μ = 32 kN/mm 时，求得 $x=0$ 处钢轨垂向位移 y = 1.56 mm。当 μ = 64 kN/mm 时，按照文克尔假定求得 $x=0$ 处钢

轨垂向位移 $y=0.898$ mm。以单个轮载 $P=80$ kN（地铁列车）为例，对应轨道结构整体刚度如下：

$$K_{整体下限}=\frac{P}{y}=\frac{80}{1.56}=51.28\ (\text{kN/mm})$$

$$K_{整体上限}=\frac{P}{y}=\frac{80}{0.898}=89.08\ (\text{kN/mm})$$

由连续支承弹性梁模型和文克尔假定知，对于扣件系统轨道结构，整体垂向刚度为 51 kN/mm ~ 90 kN/mm；同理，以单个轮载 $P=80$ kN（地铁列车）为例，扣件系统轨道结构整体刚度为 38 kN/mm ~ 67 kN/mm。同时，通过欧洲同类产品技术标准进行调查，验证竖向刚度设计的合理性，DIN 45673 不同变形下的标准载荷见表 3.2.1-2。

表 3.2.1-2　DIN 45673 不同变形下的标准载荷

车辆类型	嵌入式轨道变形 1.5 mm 时标准载荷 F_2					
	最大轮载荷/kN	转向架中的轴距/m	适用于试件的载荷 F_2/kN			轨道举例
			1	2	3	
有轨电车	100	1.8	28	56	9	60R2 (Ri 60N)
地铁/轻轨	130	2.1	36	72	12	49E1 (S 49)
城市轻轨	160	2.1	46	92	15	54E3 (S 54)
多用轨道	225	2.1	62	100	21	60E1 (UIC 60)
货运轨道	250	—	73	125	24	60E1 (UIC 60)
车辆类型	嵌入式轨道变形 3 mm 时标准载荷 F_2					
	最大轮载荷/kN	转向架中的轴距/m	适用于试件的载荷 F_2/kN			轨道举例
			1	2	3	
有轨电车	100	1.8	26	52	8	60R2 (Ri 60N)
地铁/轻轨	130	2.1	32	64	11	49E1 (S 49)
城市轻轨	160	2.1	41	82	13	54E3 (S 54)
多用轨道	225	2.1	56	100	19	60E1 (UIC 60)
货运轨道	250	—	64	125	21	60E1 (UIC 60)

根据表 3.2.1-2 有轨电车的轴重、测试力 F_2 和不同变形，计算嵌入式轨道单位长度的竖向刚度。本规程设定的竖向刚度指标为 30 kN/mm ~ 110 kN/mm。

另外，竖向刚度设计值可根据实际线路减振降噪要求进行设计。

2 横向刚度

由于地铁运行速度相对高、轴重大，以地铁嵌入式轨道横向刚度设计为例，参照 GB 50157《地铁设计规范》中，车辆最高允许速度为 80 km/h、100 km/h；基于动态不平顺的要求：参照 TB 10082《铁路轨道设计规范》中，对运行速度低于 120 km/h 的几何动态不平顺要求如表 3.2.1-3 和表 3.2.1-4 所示。

表 3.2.1-3 100 km/h<v≤120 km/h 轨道动态平顺度

项 目	平顺度	超限等级		
		Ⅰ级	Ⅱ级	Ⅲ级
高低/mm	7	8	12	20
轨向/mm	7	8	10	16
轨距/mm	+7 – 5	+8 – 6	+12 – 8	+20 – 10
水平/mm	7	8	10	14

表 3.2.1-4 v≤100 km/h 轨道动态平顺度

项 目	平顺度	超限等级		
		Ⅰ级	Ⅱ级	Ⅲ级
高低/mm	11	12	16	22
轨向/mm	9	10	14	20
轨距/mm	+11 – 5	+12 – 6	+16 – 8	+24 – 10
水平/mm	11	12	16	22

对于地铁，轨距动态不平顺允许值为（－5，+11）或（－5，+7）。考虑地铁设计轴重，动载系数为 2.0，横向作用力系数为 0.8。以单侧钢轨按轨距要求计算，横向刚度为

$$k_{\min}=\frac{80\times2\times0.8}{11/2}=23.3\text{（kN/mm）}$$

$$k_{\max}=\frac{80\times2\times0.8}{7/2}=36.6\text{（kN/mm）}$$

对比一般扣件式轨道结构，确保车辆运行的横向稳定性，设计嵌入轨道结构整体横向刚度不宜小于 30 kN/mm。

3 纵向刚度

纵向刚度指标要求参考科技基〔2007〕207 号《WJ-8 型扣件暂行技术条件》。

嵌入式轨道通过高分子阻尼材料与钢轨黏结，高分子材料发生弹性变形提供纵向阻力，嵌入式轨道在纵向阻力作用加载下，弹性体在弹性范围内发生线性变形，故本规程采用纵向刚度表征嵌入式轨道纵向约束的能力；而扣件式轨道是通过弹条的摩擦力实现纵向阻力。

根据科技基〔2007〕207 号中“扣件式轨道”要求，路基单组扣件钢轨纵向阻力≥9 kN。假定轨枕间距为 0.6 m，弹性体相对钢轨仅发生 1 mm 的相对位移（嵌入式轨道纵向阻力设计≥15 kN/m），则相当于路基单组扣件提供阻力：15 × 0.6 × 1 = 9（kN）（标准值）。桥梁段纵向刚度需根据梁轨作用力进行检算后确定。嵌入式轨道纵向刚度满足科技基〔2007〕207 号文

件“扣件式”中相应的要求。

4 抗拔力

考虑竖曲线位置处的钢轨升温工况，以及桥梁端部转角等情形，都会对轨道结构产生垂向的钢轨上拔作用，故设计中应考虑嵌入式轨道结构的垂向抗拔约束能力，类似于嵌入式轨道纵向刚度设计方法，采用上拔刚度表征嵌入式轨道钢轨防胀轨的能力。扣件系统的抗拔力取决于弹条的扣压作用，弹条Ⅰ型扣件弹条分 A、B 两种类型，A 型弹条单个弹条扣压力 8 kN，弹程 9 mm，B 型弹条单个弹条扣压力 9 kN，弹程 8 mm。弹条Ⅱ型扣件单个弹条扣压力 10 kN，弹程 10 mm。

每轨抗拔约束能力应不小于 34 kN 每延米(10 kN × 2/0.6)。本规程嵌入式轨道结构垂向变形为 1 mm 时的抗拔力不宜小于 40 kN。

3. 2. 2 系统样件的疲劳试验的载荷及加载次数应按实际使用条件下最不利情况确定，载荷循环的频率宜选择 3 Hz ~ 5 Hz，次数不应少于 300 万次。疲劳性能测试方法参照《Railway applications-Track-Test methods for fastening systems Part 4: Effect of repeated loading》EN 13146-4；指标要求参考《WJ-8 型扣件暂行技术条件》科技基〔2007〕207 号。具体对比见表 3.2.2。

表 3.2.2　疲劳性能对比

项　目	铁科技函〔2006〕248 号	DIN 45673	EN13481-2	本技术规程
轨距变化量	不得大于 6 mm	—	—	不得大于 3 mm
竖向刚度变化率	≤20%	≤20%	≤20%	≤20%（竖向/横向刚度）
纵向阻力变化率	≤20%	—	≤20%	—
夹紧力变化	≤20%	—	≤ 20%	—
弹性体材料温升	—	≤40 °C	—	—
外观	—	—	—	无剥离、开裂、推挤现象

3.2.3　嵌入式轨道要防止杂散电流对钢轨及周边建筑物中钢筋的腐蚀，要求高分子阻尼材料应具有较高的绝缘性能，参照《WJ-8 型扣件暂行技术条件》科技基〔2007〕207 号，要求高分子阻尼材料的工作电阻应不小于 10^8 Ω。

嵌入式轨道同样应符合线路轨道电阻的要求，参照《地铁设计规范》的相关要求，对于新建线路，过渡电阻值应不小于 15 Ω · km，对于运行线路，过渡电阻值应不小于 3 Ω · km。

3.2.4　振动加速度级的计算参考标准 GB 10071—1988 中振动加速度级的计算公式：

$$\mathrm{VAL}=20\log\frac{a}{a_0} \qquad (3.2.4\text{-}1)$$

式中：a——振动加速度有效值，$\mathrm{m/s^2}$；

a_0——基准加速度，$a_0=10^{-6}\ \mathrm{m/s^2}$。

考虑对环境振动影响时，应参考标准 GB/T 13441 对振动加速度级采取 Z 向计权因子修正，采用 Z 计权振动加速度级 $\mathrm{VL_Z}$ 进行描述。

针对高级减振和特殊减振，嵌入式轨道的二级减振刚度参数可通过隔振频率、二级减振上部质量进行换算，公式如下所示：

$$k = (2\pi f)^2 \cdot m \tag{3.2.4-2}$$

式中：m——轨道板上部质量（轨道板、槽内高分子材料、钢轨等部分）；

f——隔振频率，二级减振设计频率。

针对嵌入式轨道二级减振设计，应采取因地制宜的原则，根据不同地段的不同减振要求进行设计。轨道隔振频率越低，则隔振效果越好，但是会引起相应的晃车及增大噪声，且容易导致钢轨位移超限，故应先了解减振区域环境振动的主频及该区域的土层结构。此外，嵌入式轨道二级减振设计还应参考轨道板的长度和质量。短轨道板会在激励点处给基础的力稍大些，但是沿着钢轨振动衰减较快，而长轨道板反之；在隔振频率一定的情况下，增大轨道板质量有利于降低钢轨的振动幅值。

3.3 轨道结构设计

3.3.3 嵌入式轨道布板时要考虑与线路基础、接口工程、施工等的衔接。

3.3.4 考虑到地铁实际运行速度更高、轴重更大的实际情况，参考《高铁设计规范》，地铁-嵌入式轨道竖向疲劳荷载检算时，本规程检算系数取值 1.5 倍。

3.3.5 ~ 3.3.6 嵌入式轨道是质量（轨道板）、弹簧与阻尼（高分子阻尼材料）系统。嵌入式轨道板越重，轨道参振质量越高，减振效果越好，但参振质量受桥梁结构承载能力、承轨槽深度、建设成本等限制。在进行嵌入式轨道结构设计时，应统筹考虑。

采用凹槽限位的板式道床结构，在混凝土底座上设置方形凹槽，轨道板下灌注自密实混凝土调整层，形成轨道板纵横向限位。当有较高减振要求需设置减振垫时，减振垫不宜设置在轨道板下，可将减振垫层设置于混凝土底座表面，并代替隔离层。

采用凸台限位的板式道床结构，轨道板下灌注袋装砂浆作为调整层，在凸形挡台周围灌注树脂形成轨道板纵横向限位。当有较高减振要求需设置减振垫时，为防止砂浆受力过大，减振垫层宜设置于轨道板下。

嵌入式轨道根据使用地段的不同，可分为桥梁段、路基段和隧道段；根据路权形式的不同，可分为独立路权结构和共享路权结构；根据施工方式的不同，可分为预制式和现浇式。

独立路权和共享路权的差别在于共享路权段需要满足社会车辆和轨道车辆共同运行，轨道板表面采用沥青混凝土铺装，独立路权则只需要满足轨道车辆运行，轨道板表面设置有凹槽，可以作为植草绿化或其他市政景观使用。

当遇到现有轨道板长度较长，拼接不出需要的小曲线时，或施工时两段已经锁固的单元轨条之间需要焊连，焊接头处不能预先安装轨道板时，可采用整体现浇道床。现浇道床要承受轨道的横向、竖向和纵向阻力，保持轨道结构稳定；共享路权还将承受汽车荷载，现浇道床的混凝土强度不得低于 C40。

考虑维修要求，现浇道床应设计道床伸缩缝。道床伸缩缝间距应与嵌入式轨道结构单元长度相匹配，伸缩缝间距设计应考虑维修装置的安装。伸缩缝施工可采用端面安装土工布后，浇筑素混凝土，表面沥青铺装的方式。当嵌入式轨道需要维修时，可去除沥青铺装层，凿除素混凝土，安装板缝维修装置进行线路维修。

3.3.7 有轨电车嵌入式轨道板可根据路权形式（独立路权和共享路权）选择不同的板型。独立路权轨道板表面设计凹槽或混凝土承轨槽用于植草铺装。共享路权可采用嵌入式轨道板，在其表面实现沥青、砖石等铺装。在地铁隧道内，原则上采用嵌入式轨道板，在特殊工况条件下，可采用预制特殊轨道板和现浇道床。

嵌入式轨道结构编号说明如下：

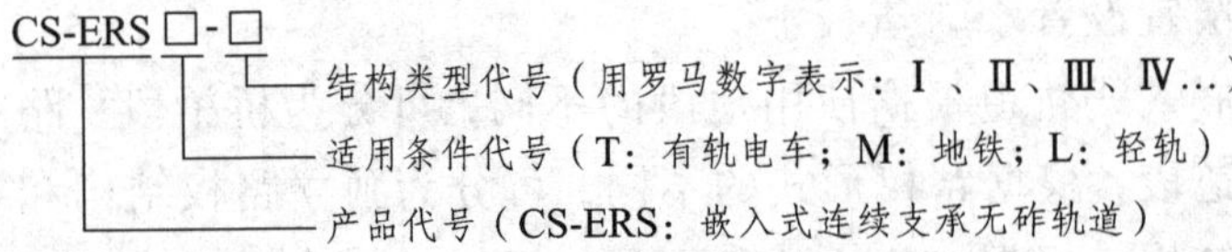

3.3.8 为保证质量，嵌入式轨道板应采用工厂标准化生产。轨道板的制造精度对轨道板本身的结构性能、轨道几何状态以及线路施工有重要影响，因此应对生产模具和生产工艺进行严格控制。为保证吊装安全性，嵌入式轨道板应预埋套管，套管周围钢筋宜适当加密。

嵌入式轨道板的形式尺寸既要考虑轨道受力均匀，又要兼顾其在制造、装载运输及施工时的可操作性。轨道板的宽度首先要满足结构及工艺制造要求，其次考虑传递列车荷载的有效范围，尽可能减少传递到板下结构的荷载应力及作用在板上的弯矩。扣除承轨槽削弱部分，轨道板厚度约 20 cm，依据配筋和混凝土保护层厚度设计。

根据线路应用条件、车辆参数等，嵌入式轨道板可设计为预应力板或非预应力板。对预应力板可通过静载抗裂试验，施加设计弯矩，检验出相应截面所建立的预应力是否满足要求（不开裂），试验图可取为简支方式。预应力钢筋用于防止轨道板开裂，设置于扣除承轨槽削弱部分的断面中性轴附近，依据列车荷载及温度梯度作用下轨道板不出现开裂进行预应力钢筋量计算。依据耐久性要求和应力计算，可采用双向或单向（横向）部分预应力结构。按中心对称结构设计，轨道板不允许开裂。对非预应力轨道板，也可通过静载抗裂试验，检验相应截面的抗裂能力是否满足要求。

嵌入式轨道板的绝缘性能应满足相关设计要求，可采用绝缘钢筋或设置排流端子等。

嵌入式轨道板的承轨槽应考虑钢轨类型、车辆参数、综合成本等。

在小半径曲线段，嵌入式轨道板可根据轨道结构、曲线半径等设计专用轨道板，轨道板可分为小尺寸板，长度不宜小于 2 m。

3.3.9 调整层主要起到施工调整和缓冲协调的作用。调整层应具有良好的流动性。根据车辆参数、线路情况、减振需求、轨道结构设计等，调整层可选用自密实混凝土、水泥乳化沥青砂浆、聚合物水泥砂浆。

3.3.11 在环评有要求的地区，可根据减振等级需求设置减振垫。减振垫可根据调整层类型选择面铺或条式铺装。调整层为自密实混凝土时，将减振垫铺设于混凝土底座上，替代隔离层；调整层为砂浆时，可将减振垫设置于轨道板底。

3.4　弹性约束结构设计

3.4.1　嵌入式轨道通过高分子材料连续支承和锁固钢轨，高分子材料替代传统扣件，提供系统横向、竖向、纵向刚度。结合相关标准要求，以及车辆/嵌入式轨道系统耦合动力学及关键参数研究成果，对槽内高分子材料进行强度检算，同时根据施工要求提出承轨槽内高分子材料的指标要求。承轨槽内弹性约束结构流程图见图 3.4.1。

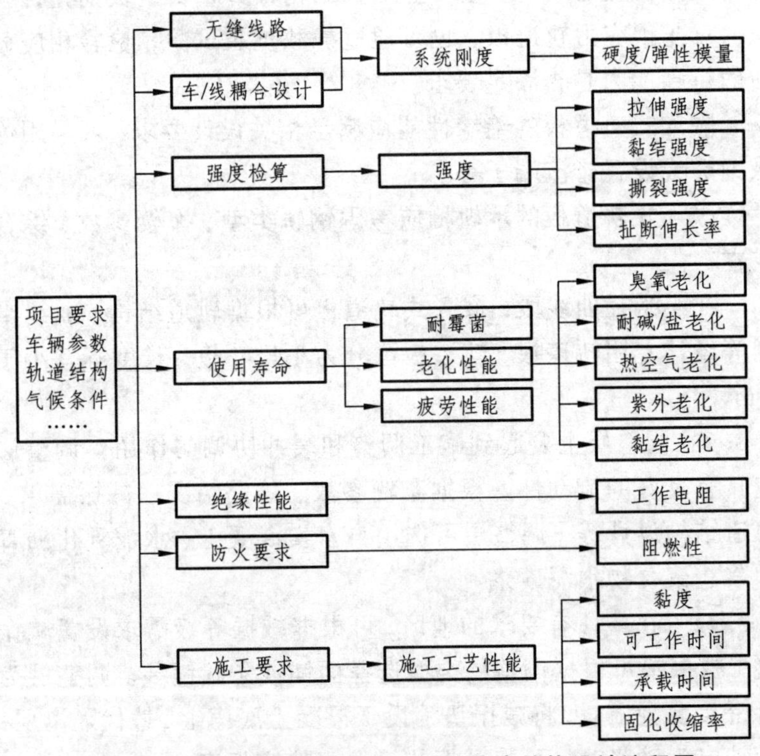

图 3.4.1　嵌入式轨道承轨槽内弹性约束结构设计流程图

嵌入式轨道承轨槽内弹性约束结构强度检算模型取设计轮载为荷载主力组合。轮载取单轴双轮荷载形式。以有轨电车为例进行说明：

（1）列车竖向设计荷载：

$$P_{\mathrm{d}}=(1+\alpha)P_{\mathrm{j}} \tag{3.4.1}$$

式中：P_{d}——作用于钢轨上的车轮竖向动荷载；

P_{j}——静轮载，取轴重的一半；

α——速度系数，取值为 0.5。

（2）列车横向设计荷载：考虑有轨电车线路中，曲线最小半径可达 25 m，横向设计荷载取设计静轮载的 0.8 倍。

（3）汽车荷载：考虑混行路权的工作状态，汽车荷载参照《公路桥涵设计通用规范》JTG D60，取 2 轴、4 个汽车轮组（每个轮组实际为 2 个车轮），轴重为 140 kN，单个轮组的轮胎接地面积为 0.3 m × 0.3 m，接地压强为 0.8 MPa。

（4）纵向位移荷载：考虑车辆载荷、温度载荷共同作用下，在伸缩区钢轨相对道床最大纵向相对位移取 10 mm 进行检算。

（5）钢轨垂向上拔：依据最新无砟轨道研究成果，建议板间高程差按照 1 mm 进行检算。

嵌入式轨道承轨槽内部件强度检算受力工况如表 3.4.1 所示。

表 3.4.1　嵌入式轨道结构承轨槽内受力分析工况（简化工况）

工　况	工况描述
工况一	列车垂向荷载+横向荷载作用在两保持架正中间钢轨轨头处
工况二	汽车荷载作用在两保持架正中间所在的槽表面上
工况三	钢轨纵向位移达到 10 mm

根据嵌入式轨道承轨槽内部件强度检算结果并考虑 2～3 倍的安全系数，确定各部件的强度要求；再根据线路情况、使用环境、寿命要求等确定各部件的老化条件。老化后的强度指标应具有至少 1.5～2 倍的安全系数。

在列车运行时，为减少牵引电流引起的杂散电流对轨道板中钢筋以及周边管线、钢筋等的腐蚀，需要提高钢轨对地的绝缘性。嵌入式轨道采用高分子阻尼材料包裹钢轨，其绝缘性主要取决于材料的绝缘性能。参考扣件系统绝缘要求，一般控制轨下垫板、轨距挡块等的绝缘性能。在 GB/T 21527 中规定普通垫板工作电阻≥10^6 Ω，微孔垫板工作电阻≥10^8 Ω。本规程规定高分子阻尼材料的工作电阻应≥10^8 Ω，满足系统绝缘性能要求。

根据线路施工要求确定高分子阻尼材料的施工工艺性能要求，具体如下：

1）高分子阻尼材料浇注前为液态，黏度指标主要是为了保证高分子阻尼材料混合液具有较好的流动性，尤其是在浇注过程中，要保证能充分流动，密实填充槽区。高分子阻尼材料各组分混合后开始发生化学反应，黏度逐步增加，最终形成固态弹性体。为保证材料混合均匀后能顺利注入并密实填充槽区，预防未浇注完成的情况下，发生倒不出来或流动不到位的现象，要求有足够的可工作时间。根据施工经验控制混合 30 min 后的黏度。

2）为保证高分子阻尼材料的承载时间满足要求，测试高分子阻尼材料从浇注到硬度达到最终强度 70%的时间。该指标主要是保证材料在此时间内，固化程度基本完成了 70%，可以承受一定的荷载，具备抗外界干扰能力，便于后续施工进行，节约施工建设周期，提高施工效率。具体指标为小于 24 h。

3. 4. 4 在嵌入式轨道结构中，调轨组件在钢轨精调时起保持钢轨几何形位的作用。在轨道受力时，调轨组件能有效约束钢轨的横向位移，提高钢轨抗翻转和抗扭曲能力。因此，调轨组件选用高强度、高绝缘材质，如玻纤增强尼龙等。调轨组件设计结构示意图如图 3.4.4 所示。

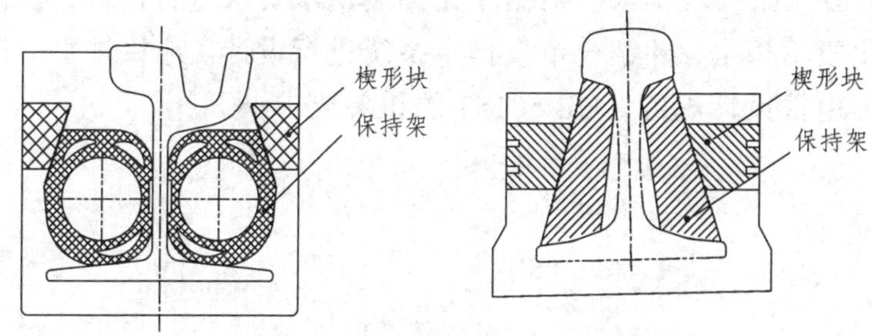

图 3.4.4 调轨组件结构示意图

3. 4. 5 降噪块为预制构件，粘贴于钢轨轨腰，起降噪作用，完全被高分子阻尼材料覆盖，工作环境较高分子阻尼材料好。根据系统安全性检算确定相关性能指标，老化性能主要考察由于钢轨受热造成的热老化。降噪块结构示意图如图 3.4.5 所示。

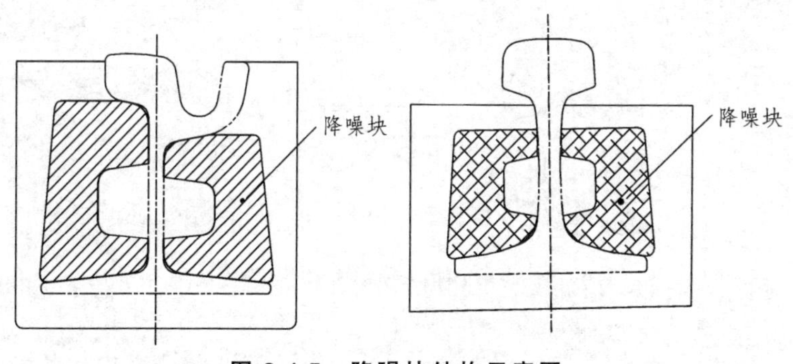

图 3.4.5 降噪块结构示意图

3.5 接口设计

3.5.2 嵌入式轨道地基处理方案应与路基专业共同设计，结合嵌入式轨道特点，根据方案适用范围、施工及场地条件、投资等方面进行分析，使地基处理方案具有针对性和适应性。

3.5.3 有轨电车共享路权段排水应结合道路排水系统进行设计，独立路权段排水应根据绿化铺装饱水要求进行设计，确保绿化段不积水，并结合市政排水系统进行设计。地铁排水应满足《地铁设计规范》GB 50157的相关要求。

4 施 工

4.4 混凝土底座、凸台施工

4.4.1 混凝土底座的技术要求参考高铁无砟轨道底座的设置标准。

4.4.3 当混凝土底座上设置有凸形挡台时，凸形挡台的钢筋应与混凝土底座钢筋同时布设，先浇筑底座混凝土，待底座混凝土拆模 24 h 后，方可进行凸形挡台施工。施工前应精确测定凸台位置，并对底座表面凸台范围内混凝土进行凿毛处理。

凸形挡台的模板采用钢制定型模板，模板高度应保证凸形挡台顶面至少与轨道板面齐平，要求应在 0 mm ~ 4 mm。通过 CPⅢ控制点采用全站仪和水准仪进行观测。直线地段，凸形挡台中心线与线路中心线重合一致。曲线地段，凸形挡台中心线向曲线外侧偏移，在凸形挡台模板安装时应按照实际偏移量进行定位。

对于凸形挡台后施工时，还应特别注意防止混凝土进入凸形挡台与轨道板间的缝隙。

4.5 轨道板铺设

4.5.1 轨道板安装需要保证线路整体设计位置精度，预先测量放样出轨道板铺设边线，可以在轨道板吊装到现场时进行粗调，减少后续精调工作量，保证轨道板能快速安装到位。

4.5.2 轨道板的吊装粗铺应根据现场施工情况选择设备，起吊轨道板应使用专用起吊螺栓及器具，保证轨道板起吊过程中不损坏。

轨道板精调采用专门的精调装置进行调整，选择的精调装置要有足够的强度和刚度，既要易于调整，也要保障轨道板调整到位后至调整层施工完成的整个施工过程中，轨道板位置不发生变化。

4.5.3 轨道板的位置允许偏差是在参考高铁 CRTSⅡ型板铺设要求的基础上，结合嵌入式轨道系统整体线路位置精度要求及单个轨道板承轨槽与钢轨之间的具体可调量定出。

4.5.4 弹性垫板在黏结时应与槽底密贴，确保弹性垫板表面平整，弹性垫板接头之间不应有缝隙，垫板位置宜在槽的中间。垫板黏结后 1 h 内不应去扰动，待其具有一定黏结强度后方可进行安装调高垫板、钢轨落槽等后续工作，以避免出现垫板移位的现象。

4.6 调整层施工

4.6.1～4.6.3 调整层采用自密实混凝土时，需在支承层上设置隔离缓冲层。调整层采用水泥乳化沥青砂浆或聚合物水泥砂浆时，应采用砂浆袋进行灌注。相应的技术要求及施工工艺应符合《客运专线铁路 CRTSⅠ型板式无砟轨道水泥乳化沥青砂浆暂行技术条件》《客运专线铁路 CRTSⅠ型板式无砟轨道聚合物砂浆暂行技术条件》和《客运专线铁路 CRTSⅠ型板式无砟轨道水泥乳化沥青砂浆和凸台树脂用灌注袋暂行技术条件》要求。

调整层浇筑前应检查轨道板精调情况，复核无误后准备浇筑；为确保浇筑质量和整体性，规定浇筑时应连续，同一张板下浇筑不得中断，应合理组织商品混凝土的供应。

4.7 现浇道床施工

4.7.1 钢筋安装注意事项：

钢筋安装顺序：安装道床板横向钢筋与预制承轨槽连接箍筋→穿入道床板底层纵向钢筋→穿入道床板面层纵向钢筋→安装道床板底层面层拉结筋→（安装定位预制承轨槽）预制承轨槽与钢筋焊连→穿入钢筋处纵向钢筋。

为避免钢筋与预制承轨槽锚钉位置冲突，锚钉附近钢筋先不与道床板纵向钢筋进行绑扎定位，待预制承轨槽安装定位后，调整钢筋位置并与预制承轨槽焊接定位后，与道床板纵向钢筋绑扎牢固。

4.7.3 采用水准仪测量，以预制承轨槽承轨面为基准面，利用专用工装对预制承轨槽进行精调和固定。具体详见图 4.7.3 所示预制承轨槽精调示意图。

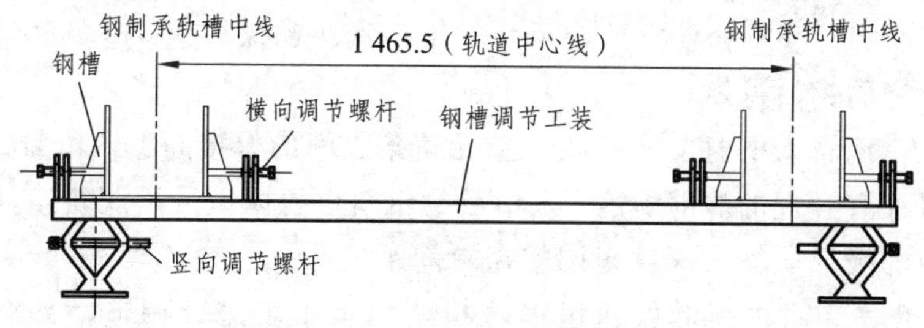

图 4.7.3　预制承轨槽精调示意图

4.8 钢轨焊接、组装入槽及精调

4.8.6 单元轨节钢轨焊接完成后，槽区正上方纵向间隔 10 m 支垫滚轮，架设钢轨入槽装置，如图 4.8.6 所示，将单元轨节钢轨搁置滚轮上，使钢轨达到自由伸缩状态。在钢轨一端适当位置安装撞轨器，沿钢轨纵向滑动撞击挡块，产生振动，使钢轨内部应力得以释放。当钢轨远端轨头发生颤动时，则视为钢轨达到自由放散状态，此时停止撞轨。

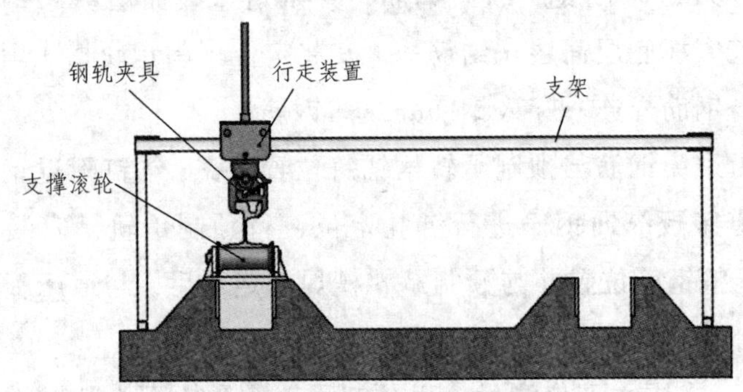

图 4.8.6 钢轨入槽示意图

嵌入式轨道施工时对钢轨和承轨槽内的清洁程度要求较高，在短钢轨焊连成单元轨并通过探伤检测合格后，进行除锈打磨，打磨符合要求后应尽快黏结降噪块和保持架，避免已打磨好的钢轨返锈。

钢轨入槽时应注意两个单元轨条之间的焊接间隙预留量，保证有合理的焊缝宽度。入槽后的钢轨位置精调采用调轨组件中的楔形块楔入深度来调整左右间距。

4.8.7 钢轨高低可通过钢轨精调测量工装进行调整，如图 4.8.7 所示。钢轨精调先以一根钢轨为基准轨，进行平面位置调整，通过松紧楔形块进行平面位置调整，逐点调整到位后，将楔形块塞紧，完成基准轨调整。基准轨调整完成后，再进行另一根钢轨的平面位置调整，逐点调整到位后，将楔形块塞紧，完成另一根钢轨的精调。当钢轨精调困难时，可适当减小调轨组件间距，增加调轨组件数量；也可配置不同型号规格的调轨组件，以满足轨距调整需求。

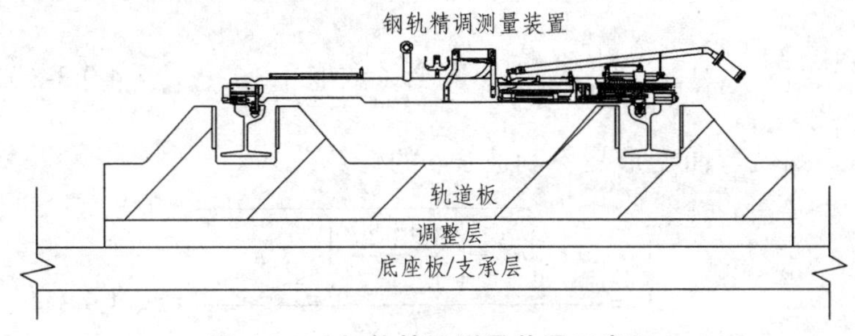

图 4.8.7　钢轨精调测量装置示意图

4.9　高分子阻尼材料浇注及无缝线路锁定

4.9.3　嵌入式轨道为无砟轨道，铁路标准中规定无须检算横向稳定性，但在有轨电车线路中，最小曲线半径可达 25 m，远低于地铁中的曲线半径，故需检算嵌入式轨道的横向稳定性。

嵌入式轨道对钢轨形成弹性横向约束，参照无缝线路统一公示，采取驻值原理，确定槽型轨的允许温升和最不利的不平顺波长。其中，与扣件式轨道主要的区别在于，用高分子阻尼材料提供的横向支撑力所做的功替代扣件式轨道道床横向阻力所做的功。虽然槽型轨的截面与工字轨存在较大差异，但槽型轨的基础数据较少，钢轨原始弹性弯曲矢度、原始塑性弯曲半径取 TB 10015 中的相关值。

钢轨温度压力 P_0 的稳定性计算公式：

$$P_0=\frac{EI_y\pi^2\frac{(f+f_{oe})}{l^2}+\frac{4}{\pi^3}Ql^2}{f+f_{oe}+\frac{4l^2}{\pi^3R'}} \quad (4.9.3\text{-}1)$$

$$\frac{1}{R'}=\frac{1}{R}+\frac{1}{R_{op}} \quad (4.9.3\text{-}2)$$

$$P_w=\frac{P_0}{1.3}\ （安全系数取\ 1.3） \quad (4.9.3\text{-}3)$$

钢轨弯曲变形最不利波长 l 的计算公式：

$$l^2=\frac{\omega+\sqrt{\omega^2+\left(\frac{4Q}{\pi^3}-\frac{\omega t}{f}\right)\cdot EI_y\pi^2\cdot f}}{\frac{4Q}{\pi^3}-\frac{\omega t}{f}} \quad (4.9.3\text{-}4)$$

$$\omega=EI_y\pi^2\cdot\left(t+\frac{4}{\pi^3R'}\right) \quad (4.9.3\text{-}5)$$

式中：l——轨道弯曲变形半波长（cm），$l=l_0$；

f——轨道弯曲变形矢度，取 0.2 cm；

f_{oe}——轨道原始弹性弯曲矢度（cm）；轨道原始塑性弯曲的相对曲率 $\frac{f_{op}}{l^2}$ 取 $1.745\,49\times10^{-6}$，轨道原始弹性弯曲的相对曲率 $\frac{f_{oe}}{l^2}$ 取 3.575×10^{-7}；

Q——聚氨酯填充材料及轨腰楔形块的等效横向阻力（N/cm），$Q=\frac{\pi q_1}{4}f$；

R——曲线半径（cm）；

R_{op}——钢轨原始塑性弯曲半径（cm），

$$\frac{1}{R_{op}}=8\times\frac{f_{op}}{l^2}=1.39639\times10^{-5}；$$

t——轨道原始弹性弯曲的相对曲率，$t=\frac{f_{oe}}{l_0^2}$。

为保证满足设计要求，在单元轨高分子阻尼材料浇注前，长轨条两端被锁固，浇注单元轨的固定区，装置锁定区暂不浇注，并在下一个单元轨施工时浇注，待浇注的高分子阻尼材料完全熟化后，再拆除两端锁固装置。下一单元轨高分子阻尼材料浇注时，已浇注段的高分子阻尼材料已经完全熟化，可替代锁固装置，只需在未浇注高分子阻尼材料端安装锁固装置即可，依次循环，直至线路高分子阻尼材料浇注完成。

5 验 收

5.1 一般规定

5.1 工程施工质量控制的要点有两个方面：一是对材料、构配件和设备质量的进场验收；二是对工序操作质量的自检、交接检验。

(1)对材料、构配件和设备的进场验收应分两个层次进行。

进场验收：对材料、构配件和设备的外观、规格、型号和质量证明文件等进行验收。检验方法为观察检查并配以必要的尺量、质量证明文件；施工单位和监理单位的检验方法和数量多数情况下相同。未经检验或检验不合格的，不得运进施工现场。

试验检验：凡是涉及结构安全和使用功能的，要进行试验检验。试验检验项目的确定掌握两个原则：一是对工程的结构安全和使用功能确有重要影响；二是大多数单位具备相应的试验条件。施工单位试验检验的批量、抽样数量、质量指标应根据相关产品标准、设计要求或工程特点确定，检验方法符合相关标准或技术条件的规定。监理单位要按施工单位检验数量的一定比例进行见证、见证取样检测。不合格的不得用于工程施工。

(2)对工序操作质量的自检、交接检验。

自检：施工过程中各个工序应按施工技术标准进行操作，该工序完成后，对反映该工序质量的控制点进行自检。自检的结果要留有记录。这些结果可以作为施工记录的内容，有的也正好是检验批验收需要的检验数据，要填入检验批质量验收记录表中。

交接检验：一般情况下，一个工序完成后就形成了一个检验批，可以对这个检验批进行验收，而不需要另外进行交接检验。对于不能形成检验批的工序，在其完成后应由其完成方与承接方进行交接检验。特别是不同专业工序之间的交接检验，应经监理工程师检查认可，未经检查或经检查不合格的不得进行下道工序施工。其目的有三个：一是促进前道工序的质量控制；二是促进后道工序对前道工序施工质量的保护；三是分清质量职责，避免发生纠纷。

5.2 施工单元划分

5.2 作为嵌入式连续支承无砟轨道施工质量验收的强制性标准，必须严格遵守。工程施工验收包括检验批、分项工程、分部工程和单位工程施工质量的验收。

1 按图施工是施工单位的重要原则，勘察设计文件是施工的依据，施工中不得随意更改勘察设计文件；如必须改变时，应按程序由设计单位修改，施工质量也应符合修改后的设计文件要求；

2 参加施工质量验收的各方人员，是指参加检验批、分项工程、分部工程、单位工程施工质量验收的人员，这些人员应具有相应的合格证；本暂行标准给出了原则性的规定，还应结合工程情况、管理模式等，在保证工程质量、分清责任的前提下具体确定；

3 施工单位是施工质量控制的主体，应对工程施工质量负责，其工程施工质量必须达到本暂行标准的规定；其他各方的验收工作必须在施工单位自行检查合格基础上进行；

4 隐蔽工程是指那些在上一道工序结束，被下一道工序所掩盖的，正常情况下无法进行复查的项目；隐蔽工程在承包人自检合格后，应邀监理工程师共同进行检查或实验验收，但无论工程师是否参加了验收，当其对某部分的工程质量有怀疑，均可要求承包人对已经隐蔽的工程进行重新检验验收；

5 为了保证对涉及结构安全的试块、试件的代表性和真实性负责，监理单位必须按本暂行标准对各检查项目的规定进行见证取样检测或见证检测，且各检验项目中均有具体规定；涉及结构安全和使用功能的现场检测项目，监理单位应按规定进行见证。见证检测的数量各检验项目中也有具体规定；

6 检验批质量验收时对主控项目和一般项目的检查验收；只要这些项目的质量达到了本暂行标准的规定，就可以判定该检验批合格。标准中的其他要求不在检验批质量验收中涉及；

7 涉及结构安全和使用功能的重要分部工程的抽样检测是验收标准增加的重要内容，以前的标准中没有这方面的要求；

8 为了保证见证取样检测及结构安全检测结果的可靠性、可比性和公正性，检测单位应具备有关管理部门核定的资质；对于特殊项目的检测，可由建设单位确定检测单位；

9 单位工程的观感质量相对涉及结构安全和使用功能的主体工程质量而言，应该是比较次要的；但是，对完工后的工程进行一次全面检查，对工程整体质量进行一次现场核实，是很有必要的，观感质量验收绝不是单纯的外观检查，也不是在单位工程完成后对设计外观质量的项目进行重新检查，更不是引导施工单位在工程外观上做片面的投入；观感质量验收的目的在于直观地从宏观上对工程的安全可靠性能和使用功能进行验收，如局部缺损、污染等，特别是在检验批、分项工程、分部工程的检查验收时反映不出来，而后来又发生变化的情况，通过观感质量验收及时发现问题，提出整改。观感质量验收是一个不可缺少的质量控制环节。

5.3 工程施工质量验收内容和要求

5.3 明确单位工程、分部工程、分项工程的划分及检验批的具体规模数量，是开展工程质量验收工作的重要基础，是提高验收可操作性的关键所在，在各级工程质量验收中必须严格执行。嵌入式连续支承无砟轨道施工质量验收应按四级划分：单位工程、分部工程、分项工程、检验批。

单位工程：按一个完整工程，或一个完整工程中的相当规模施工范围，或几个完整工程组成的相当规模施工范围划分。由于嵌入式连续支承无砟轨道主要用于城市轨道交通，线路与客运专线等相比，线路较短，故单位工程可按长度进行划分。

分部工程：按一个完整的部位、主要结构或施工阶段划分，由若干个分项工程组成。

分项工程：主要是按工种划分，有的也可按工序、材料、工艺等划分，由若干个检验批组成，特殊情况下仅含一个检验批。

检验批：分项工程的组成部分。根据施工质量控制和验收需要，将一个分项工程划分成若干个检验批。检验批是施工质量验收的基本单元。

5.6 施工控制网

5.6 《高速铁路工程测量规范》TB 10601 对 CPⅢ点沿线路布置的纵向间距规定宜为 60 m 左右，最大纵向间距不宜超过 80 m。由于嵌入式连续支承无砟轨道主要用于城市轨道交通，控制桩的选择和保护相对较为困难，因此本规程对 CPⅢ点沿线路布置的纵向间距规定满足其测试精度要求即可。

高速铁路工程测量的平面控制网在框架控制网（CP0）的基础上分为三级布设：第一级为基础平面控制网（CPⅠ），主要为勘测、施工、运营维护提供坐标基准；第二级为线路平面控制网（CPⅡ），主要为勘测和施工提供控制基准；第三极为轨道控制网（CPⅢ），主要为轨道铺设和运营维护提供控制基准。本规程在 CPⅠ、CPⅡ、线路水准基点复测和 CPⅢ测设时主要是依据《高速铁路工程测量规范》TB 10601，对仪器、设备、方法和精度，以及现场交接控制桩的相关要求进行控制。

5.7 板式道床

5.7.6 自密实混凝土的质量与原材料的质量紧密相关，因此材料管理是施工中至关重要的一项工作。施工单位应按《高速铁路 CRTSⅢ型板式无砟轨道自密实混凝土暂行技术条件》第 4.1 节的规定要求对原材料进行严格检查验收。监理单位应进行见证取样检测或见证实验。

5.9 无缝线路

5.9.3 在有轨电车嵌入式连续支承无砟轨道中，钢轨采用槽型轨。目前国内还无槽型轨的国标或行业标准，本规程主要参照《城市轨道用槽型钢轨铝热焊接质量检验标准》CECS 430—2016。

槽型轨的铝热焊，目前国内无相关国家或行业标准，本规程主要参照《城市轨道用槽型钢轨铝热焊接质量检验标准》CECS 430—2016 和《钢轨焊接 第 3 部分：铝热焊接》《城市轨道用槽型钢轨闪光焊接质量检验标准》CECS 429—2016 的规定。施工单位应按照该标准的要求进行施工，同时监理单位应按标准的要求组织见证取样和验收。

5.9.5 承轨槽内壁、钢轨、弹性垫板、降噪块等需与高分子阻尼材料进行黏结，为保证黏结效果，实现轨道系统的有效锁固，承轨槽内壁及槽内部件均应清洁、干燥、无杂物。

将降噪块、保持架按间距要求设置，并用胶黏剂将其与钢轨轨腰黏结紧密，在施工时应使其锯齿面朝承轨槽内侧壁，且用扎带固定牢靠。楔形块与保持架配套使用，在钢轨精调时以调整轨距并锁固钢轨。降噪块采用聚氨酯和橡胶颗粒模压制成，考虑橡胶颗粒对检测样件的影响，测试方法参照 GB/T 528 的检测方法，样件厚度为 6 mm。

5.9.6 承轨槽内是否干净、干燥、无杂物，直接影响高分子阻尼材料的性能和黏结效果，故浇注前应严格规定槽内质量控制标准。

嵌入式轨道具有良好的温度稳定性、安全性，钢轨锁定温度范围更为宽广。相较于扣件式轨道，由于高分子阻尼材料从开始作业到熟化形成约束间隔一定时间。嵌入式轨道通过高分子阻尼材料对钢轨形成锁定，需考虑在该时间段内。气温导致轨温变化，进而扰动钢轨实际锁定温度，尤其是锁定温度范围适当扩大后，这种扰动会更加明显。

通过大量工艺试验以及线路测试，制定了一套嵌入式轨道的锁定工艺，其基本原理如下：

在长轨条两端，设置锁固装置，将钢轨与道床固连，在钢轨端部形成纵向约束阻力，实现预锁定。长轨条中间即形成固定区，即使实际轨温发生变化，钢轨在固定区内也不会发生伸缩，这带来两个好处：一是钢轨的零应力时的温度会保持在预锁定时的实际轨温；二是钢轨未伸缩，不会影响高分子阻尼材料的熟化。

上述工艺中，在钢轨预锁定期间，为避免温度力对道床结构造成过大变形，单套装置的单点锁固力为 2.5 t，实际使用时，需根据季节气温情况，预计轨温变化范围，配置锁固装置数量及安装长度。同时在固定区（待浇区）两端，在轨顶侧面和道床上设置伸缩观测尺，监测钢轨从预锁定开始，到高分子阻尼材料完全熟化后，钢轨的纵向伸缩情况。

钢轨预锁定前的温度可作为零应力状态的温度。通过记录待浇区两端的伸缩情况以及相应轨温，可以判定钢轨的实际锁定温度，具体如下：

如果整个过程中，观测尺读数未发生变化，钢轨实际锁定温度即为预锁定前的轨温。

如果整个过程中，观测尺读数呈现规律变化，可根据轨温及读数确定锁定轨温。

在高分子阻尼材料未固化前，应注意表面保护，避免外力破坏或外力引起钢轨扰动，保证表面平整无缺陷；另外，浇注施工时应对钢轨和轨道板进行保护，减少污染，施工完成后应及时清理现场，并分类回收处理废旧用品。

6 养护维修

6.1 一般要求

6.1.1 据技术调研，大连 202 路有轨电车采用离散点支承扣件式轨道，2014 年 5 月试运营，2015 年 9 月出现明显波磨；海珠线有轨电车运营半年后，线路出现波磨，振动噪声加剧，导致居民投诉；在荷兰的一段嵌入式轨道试验线上，进行了嵌入式轨道的长期监测，17 年后才出现波磨，几乎不需维护。

嵌入式轨道养护维修工作的基本任务是保持设备状态完好，保证列车以规定速度安全、平稳、舒适和不间断地运行，延长设备使用寿命，提高线路设备修理质量，实现科学管理。

线路维修应遵循“预防为主、防治结合、严检慎修”的原则，根据线路状态的变化规律，合理安排养护与维修，做到精确检测、全面分析、精细修理，以有效预防和整治线路病害。嵌入式轨道日常养护特征是少维护，免维护，不需经常打磨钢轨，需进行高分子阻尼材料、钢轨及轨道板的日常巡检。

6.2.2 嵌入式轨道由于其结构特殊性，维修时所需的工装设备如表 6.2.2 所示。

表 6.2.2　维修所需配备的工装设备

名　称	类　型	数　量	备　注
高分子搅拌机		1 台	
锯轨机		2 台	
切割机	380 MPa	2 台	
龙门机组		2 套	
汽柴油发电机	45 kW	2 台	
轨距尺	数显	2 把	
温湿度计		1 台	
热风机		2 台	
限速/警示标志		各 2	
板缝顶升工装	定制	16 套	根据维修线路长度确定
调整工装	定制	16 套	
小型焊机	普通焊缝/宽焊缝	各 4 套	

6.3　养护维修方法

6.3.1　嵌入轨道钢轨补焊技术在欧洲已得到广泛应用。通过对瑞士苏黎世 VBZ 运营公司调查结果显示：最多可在钢轨上补焊 8～10 次；补焊寿命依赖于曲线半径、速度；小半径曲线，每一次补焊钢轨寿命为 3～4 年；补焊速度：每晚每工班 15 m～20 m。图 6.3.1 为钢轨补焊示意图。

图 6.3.1　钢轨补焊示意图

6.3.2　采用注胶抬升时，注胶孔布设从两个方面考虑，一方面考虑注胶抬升能力的需要，另一方面考虑线路上的设施分布和板内钢筋分布情况，具体如下：

1　根据注胶材料的特性，注胶孔按梅花形布设，孔间距以 1 m 左右为宜；

2　轨道、承轨槽、应答器、轨道电路所占位置严禁打孔；

3　轨道板钢筋所占位置严禁打孔；

4　打孔可以采用轨道板自密实混凝土灌注孔位置；

5　为减小对轨道结构的影响，轨道板、底座尽量少打孔，除原有灌浆孔外，每块板上打孔数量不应超过 4 个；

6　控制打孔的直径，最大孔径不超过 30 mm；

7　两侧预留精调注胶孔，在中间孔完成轨道主要抬升量后，通过两侧的精调孔调整到位，并控制轨道的水平姿态。

在注胶抬升施工过程中，轨道板、底座内部会产生应力，应力大小与一次最大抬升量有关，为避免在抬升过程中对轨道板产生损坏，需要进行一次最大抬升量计算。

根据计算表明，抬升施工中，找平层处于受压状态，压应力小于混凝土的抗压强度；底座只有一小部分处于受拉状态，拉应力比较小，不会使其破坏；轨道板在抬升点处受拉，一次抬升量由轨道板内的拉应力控制，按 C50 混凝土轴心抗拉强度 3.0 MPa 估算，最大一次抬升量应不大于 22 mm，初始抬升位置不应布置在无砟轨道板的宽接缝附近。

1　采用间歇注胶工艺，逐步抬升轨道板，达到预定的抬升量；

2　实时测量，包括注胶前的初始测量、注胶过程中的动态测量、注胶抬升影响范围内的回测；

3　预留材料反应剩余膨胀量；

4　预留注胶抬升孔间的相互影响；

5　预留精调孔，通过精调孔注胶进行二次调整。

通过高精度的测量仪器，并采用上述措施，无砟轨道注胶抬升精度可以控制到 ± 1 mm。

附录 A　嵌入式轨道竖向刚度、横向刚度试验方法

A. 0. 4　试验加载装置采用斜腿加载，斜腿与垂直方向的夹角模拟轮轨作用力方式，一般取 22°~26°，具体可根据车辆、钢轨型号或相关设计规范确定。最大加载荷载为车辆静轮载的 1.5 倍，计算公式为

$$P_{\mathrm{d}}=(1+\alpha)\cdot P_{\mathrm{j}} \tag{A.0.4}$$

式中：P_{d}——作用于钢轨上的车轮竖向动荷载；

P_{j}——静轮载；

α——速度系数，取值为 0.5。

附录B　嵌入式轨道纵向刚度试验方法

B. 0. 2　参考标准 EN 13146-1，嵌入式轨道试验长度要求 500 mm ~ 700 mm，规定本规程中嵌入式轨道结构测试单元长度为 600 mm。

B. 0. 4 ~ B. 0. 5　测试方法和计算方法参考 EN 13146-1 对嵌入式轨道的相关规定。

附录C 嵌入式轨道抗拔刚度试验方法

C. 0. 3 嵌入式轨道采用高分子阻尼材料弹性约束钢轨，抗拔刚度以钢轨与承轨槽相对位移为1 mm进行计算。抗拔刚度测试完成后，在36 kN保持3 min，增加了1.5倍的安全系数的测试要求，考察高分子材料对系统的锁固能力。

附录D　嵌入式轨道疲劳性能试验方法

D. 0. 4　轮轨作用力方向疲劳试验：参考科技基〔2008〕74号《客运专线 CRTSⅡ型板式无砟轨道混凝土轨道板暂行技术条件》中疲劳荷载循环特征值为0.14，确定疲劳荷载的下限值。

附录 F 弹性垫板刚度及耐寒性能测试方法

F. 0. 2 在嵌入式轨道结构中，系统竖向刚度由高分子阻尼材料竖向剪切和弹性垫板竖向变形共同作用，嵌入式轨道竖向变形在 1 mm 左右。弹性垫板的静刚度为（8 ± 3）kN/mm，即变形 1 mm 时弹性垫板所承受的荷载为 5 kN ~ 11 kN。根据弹性垫板在嵌入式轨道结构中的受力，并取 3 倍安全系数，确定动/静刚度测试最大荷载。